新时代干部之基系列丛书

做干部必须明事理

晓 山 ｜ 著

·北京·

国家行政学院出版社
NATIONAL ACADEMY OF GOVERNANCE PRESS

图书在版编目（CIP）数据

做干部必须明事理 / 晓山著 . — 北京 : 国家行政
学院出版社 , 2022.7

（新时代干部之基系列丛书）

ISBN 978-7-5150-2584-1

Ⅰ . ①做… Ⅱ . ①晓… Ⅲ . ①干部教育—中国—学习
参考资料 Ⅳ . ① D630.3

中国版本图书馆 CIP 数据核字（2021）第 247865 号

书　　名	做干部必须明事理	
	ZUO GANBU BIXU MING SHILI	
作　　者	晓　山　著	
责任编辑	王　莹　马文涛	
出版发行	国家行政学院出版社	
	（北京市海淀区长春桥路 6 号　　100089）	
综 合 办	（010）68928903	
发 行 部	（010）68928866	
经　　销	新华书店	
印　　刷	北京盛通印刷股份有限公司	
版　　次	2022 年 7 月北京第 1 版	
印　　次	2022 年 7 月北京第 1 次印刷	
开　　本	170 毫米 ×240 毫米　16 开	
印　　张	17.25	
字　　数	184 千字	
定　　价	50.00 元	

本书如有印装问题，可联系调换。联系电话：（010）68929022

前　言

"事理"通常是指事物的道理。"明事理"意为真正懂得事物的道理，多用来形容一个人通情达理，能正确地认识社会和世界，能很好地处理问题。一时胜负在于力，万古胜负在于理；国明理则国昌，人明理则修身。习近平总书记强调，领导干部要"悟原理、求真理、明事理"。对领导干部来说，明事理不仅是为人处世的基本素养，更是为官从政的基本要求。"政治过硬、本领高强"是对领导干部宏观层面的总体要求；"信念坚定、为民服务、勤政务实、敢于担当、清正廉洁"是成为好干部的标准要求；"信念过硬、政治过硬、责任过硬、能力过硬、作风过硬"是对领导干部干事创业的具体要求。诸如此类，都是从不同层面、不同角度要求领导干部必须"明"为官从政之事理。一理通，则百理融、万事顺。新时代的干部一定要"明"为官从政所必需的政治、为民、能力、方法、作风、自律等方方面面之"事理"，才能准确把握工作的规律性，增强工作的预见性，提高工作的前瞻性，确保工作的实效性，切实做到思想上明明白白、行动上游刃有余、工作上行稳致远、事业上有声有色。

目 录

第一篇

明事理
要有信念坚 筑忠诚 尽责任 勇担当的为人观

1 将做老实人、说老实话、干老实事作为人生信条，这样才能真正走得稳、走得远

老实，就是忠厚诚实、安分守己。《全唐诗补逸》云："立身存笃信，景行胜将金。"为人处世老实忠厚，品行高尚胜过有金银财宝。不管是做人还是做官，老实是人生的命脉、是一切价值的根基，有了这样的品质，就有了高尚的人生态度和严谨的道德实践，就能经得起事实的、历史的考验，以实实在在的成绩获得实实在在的认可。

实能厚德，老实不会吃亏。老实是立身之本，成事之要，也是为政之道。诚实无破绽。老实人为人实在、做事踏实，不当面一套、背后一套，不计较个人得失，无论分内事分外事都会自觉自愿地干、默默无闻地做，更不会走歪门邪道去谋取个人利益。东汉名臣第五伦在从政生涯中，无论是担任乡里啬夫、一方太守，还是位列三公，都坚持以诚待人、以忠报国、一心奉公，最终与魏征、姚崇、宋璟、王旦等一起被后人称为汉唐以来的名臣。从古至今，无

数仁人志士一直把做老实人、说老实话、干老实事作为人生信条传承下来。在共产党人的词典里，老实是对党性原则和政治品质的高度凝练，是大德、公德、私德的融合统一。不老实，不仅是个人的品德问题，更是对党不忠诚、党性不纯的问题，甚至与党和人民离心离德。

实能胜巧，老实最聪明。周恩来同志曾经说："世界上最聪明的人是最老实的人，因为只有老实人才经得起事实和历史的考验。"老实一直是共产党员先进性的内在要求，是领导干部"官德"的外在表现，也是我们党的一贯主张。现实中，却有个别干部将老实等同于吃亏、愚笨，生怕被别人扣上"老实人"的帽子。殊不知，这是对党的事业缺乏忠诚，政治锤炼不够严、不够硬的表现。早在井冈山时期，毛泽东同志提名罗荣桓为第二纵队党代表时说："为什么让他当党代表呢？就是因为他老实。"后来罗荣桓成为我国的开国元勋、十大元帅之一。可见，老实是一名共产党员的基本要求，只有老实才经得起历史和人民的考验。沉迷于自我包装、投机取巧，弄虚作假，搞"两面派"、做"两面人"或许能一时蒙混过关，但是材质疏松的"速生树"终究不会有大用，只有不断涵养政治定力、练就政治慧眼、恪守政治规矩，自觉做政治上的明白人、老实人，才能筑牢个人成长的"根"和"魂"。

实能立信，老实最可靠。老实体现了干部的素质、能力和作风，直接关系到党在人民群众心中的形象，决定着各项工作的成效，唯有做老实人，才能做一个纯粹的人，才能让干部群众感到可信、可靠。邓小平同志曾指出："一个自觉的革命者无论何时何地，在何种情况下，都要做到忠诚老实，对党要忠诚，要老老实实地说话、老老实实地办事、老老实实地做人。"新时代的领导干部，要把做老实人、说老实话、干老实事作为底线来坚守，作为党性来锤炼，作为境界来追求，在学深笃用习近平新时代中国特色社会主义思想中找准政治品格、价值追求、精神境界、作风操守，明礼诚信，怀德自重，敢于讲真话实话，不投其所好说好话、明哲保身说套话、沽名钓誉说大话、规避责任说假话，时刻自重自省，言行一致，以实际行动表态、用实践兑现承诺。要坚持知行合一、真抓实干，沉下心来工作，心无旁骛钻业务、摸爬滚打长才干、实践历练积累经验、踏踏实实干实事，才能真正享受实现价值、造福一方带来的幸福感和成就感，真正得到人民群众的信赖和拥护。

2 最基本的是明得失、知荣辱；最核心的是铸信念、立操守

领导干部是关键少数，领导干部的世界观、人生观、价值观对社会文明道德有着极大的引领和示范作用，如果个人修养放松，没有牢固树立正确的世界观、人生观和价值观，甚至滑进腐败的泥潭，对社会主义核心价值观建设，对风清气正的政治生态建设都将产生极大的负面影响。作为一名领导干部，必须树立正确的世界观、人生观、价值观，做理想信念的坚定者、社会主义核心价值观的践行者。

明得失显修养，知荣耻见品性。得失观、荣辱观是世界观、人生观、价值观的反映。一个人的得失观、荣辱观出了问题，其是非、善恶、美丑、取舍、公私的界限就会混淆，坚持什么、反对什么、倡导什么、抵制什么混沌不清，就会失去为官从政之基本。领导干部正确对待得与失，就是要在顺利时不失沉稳和谦逊，把"得"定位在自身素质和工作事业进步上，保持一颗平常心和感恩心，多找找自己的差距、多想想自己的不足；在受挫时不失坚忍和执着，把它当作一个查找不足、迎头赶上的机会，守得住清苦、耐得住寂寞，始终以事业为重，学会坐冷板凳，始终把是否得民心作为衡量自己得失的标准，乐于多"失"，甘愿少"得"，得亦不喜，失亦不忧，舍小家、为大家，舍自己、为他人。领导干部正确对待荣与辱，就是要坚持个人荣誉与集体荣誉相统一，把个人取得的荣誉首先归功于党、归功于集体、归功于人民群众，在工作中多作贡献、生活中多尽义务、名利上选择牺牲，任何时候都不能把荣誉作为满足个人私欲、谋取个人私利的资本，坚决摒弃伸手向党要荣誉、托人谋荣誉、花钱买荣誉的思想和行为。

铸信念引前进方向，立操守定行为规矩。人生如屋，信念是柱。崇高的理想信念是人生的支柱和前进的灯塔，能点燃人生的激情，激发人们的斗志，鼓励人们奋发向上。坚定的理想信念是共产党人的灵魂，是共产党人前赴后继、奋斗不息的精神支柱和力量源泉，是共产党人永葆生机的精神动力。领导干部补足理想信念之"钙"，就要用科学的理论武装头脑，提高贯彻党的基本理论、基本路线、基本方略的自觉性；就要认真学习马克思主义，学习中国特色社会主义理论，特别是要认真学习习近平新时代中国特色社会主义思想，提高自己的理论水平和业务水平，把理想信念融入平凡的工作，对工作负责，对群众负责，保证自己在思想上永不变质，在行动上走在前列。与此同时，始终自觉维护和严格执行党的纪律，自觉遵守工作中的规章制度，注重自己的一言一行，一举一动，把党的纪律规矩牢牢记在心上，落实在行动中，以自己的实际行动取信于民。

3 党员是第一身份，为党工作是第一职责，对党忠诚是第一要求

习近平总书记强调："全党同志要强化党的意识，牢记自己的第一身份是共产党员，第一职责是为党工作，做到忠诚于组织，任何时候都与党同心同德。"党员是党的细胞。只要每个共产党员都始终牢记和珍惜自己的第一身份，忠实地履行好党员的第一职责，我们党就能永远赢得人民的信赖，我们党的事业就能不断取得辉煌成就。

铭记第一身份，清楚我是谁。对于领导干部来说，无论出身和社会地位如何，其第一身份都应是"共产党员"；无论什么时候，都应当始终牢记自己的第一身份，自觉以党员标准严格要求自己，始终维护好党的良好形象。周恩来曾明确提醒身边工作人员："在国务活动时我是政府总理，在党内活动时我是一个普通党员，在群众中活动时我是一个普通劳动者。"共产党员的"第一身份"是党

员的基本特征，是最起码的要求。它既是一种党性修养的体现，更是一种人格力量的释放；既是一种无形的存在，更是一种有形的彰显。共产党员只有牢记"第一身份"，才能始终保持信念的坚定、思想的纯洁和情趣的健康，才能把心思和精力用在发展党的事业和服务人民上。

牢记第一职责，知道我要干什么。入党意味着责任，是一种特殊的奉献。无论是革命战争年代还是和平时期，入党都意味着"吃亏"，意味着吃苦，意味着牺牲。红军时期胡耀邦同志曾说："让我看，参加共产党有九十九条'坏处'。要吃苦在前，享受在后；要冲锋在前，退却在后；可能被杀头，还会坐牢；危险的工作要抢着干；如果军装不够，要让给别人穿；饭少人多，要让群众先吃，自己饿肚子……要说好处，我看只有一条——全心全意为人民服务，人民才会拥护你。"党的宗旨就在于全心全意为人民服务，立党为公，执政为民。每一个领导干部都应"横眉冷对千夫指，俯首甘为孺子牛"，坚守为民服务初心，忠诚于我们的事业，坚持把奋斗、奉献摆在首位，才能朝着成功的目标走下去。

严守第一要求，明白我该怎么做。古往今来，忠诚是考量一个人道德的基本标准，是一种美德、一种责任，一种发自内心的情感。忠诚是衡量一切的标准，没有忠诚就没有一切。习近平总书记强调，领导干部"对党绝对忠诚要害在'绝对'两个字，就是唯一的、彻底的、无条件的、不掺任何杂质的、没有任何水分的忠诚"。衡量党员标准可以讲千条万条，但归根结底还要先看这一条。对党忠诚是共产党员的党性原则和政治品质，也是我们党保持先进性和纯洁性的政治基础，使我们有方向，有目标，有动力，不会迷失方向，不会彷徨，停止不前。领导干部对党绝对忠诚就是要忠诚于党的信仰，坚定中国特色社会主义道路自信、理论自信、制度自信、文化自信；要忠诚于党的宗旨，以人民忧乐为忧乐，以人民甘苦为甘苦；要忠诚于党的组织，做政治上的"明白人"，时刻以事业发展、人民利益为重，做到心底无私天地宽。

4 干部为政之要，上不欺骗党和国家，下不欺骗群众，中不欺骗自己的良心

北宋人张咏写过一篇很有名的《三不欺箴（并序）》，文中他自勉"上不敢欺君，下不敢欺民，中不敢欺心"。"不欺"的态度，以及"三不欺"的箴言，对于领导干部而言仍有实际意义，甚至应成为为官从政的要领。领导干部是党的形象代言人，理应做到组织面前不作假、群众面前不演戏、叩问良心坦荡荡，不然言而无信，偏离了"不欺"的底线，不仅对本人影响不好，而且有损于党的公信力，丢掉的将是党心民心，最终走上与党和人民相背离的不归路。

上不欺骗党和国家，当以忠诚立德。"才者，德之资也；德者，才之帅也。"党和国家需要什么样的干部？是心中有党、心中有国的干部，是衷心爱党、赤诚爱国的干部。忠诚是检验领导干部讲政治、讲规矩与否的"试金石"，也是衡量好干部的重要标准。当忠诚成为立身之本，成为一种宝贵品格，领导干部的德方能具有感召

力和凝聚力。领导干部的忠诚，是心中有党、心中有民的忠，是言出必践、行必有果的诚。对党忠诚，既是政治标准，更要落实在行动上。领导干部要始终把政治纪律、政治规矩挺在前面，忠诚老实、襟怀坦荡，真正做到服从组织原则、决不各行其是，服从组织决定、决不讨价还价，服从组织程序、决不我行我素。

下不欺骗群众，当以诚信立业。"夫诚者，君子之所守也，而政事之本也。"诚信是治国理政之"宝器"。为政者要想长治久安、政通人和，必须为政以信、取信于民。历史上，周幽王"烽火戏诸侯"，最终身死国灭；商鞅则以"徙木立信"，赢得了百姓信任，使秦国由弱变强并最终统一中国。习近平总书记强调："一个政党，一个政权，其前途命运取决于人心向背。"领导干部对待群众有多真诚、多真心、多真切、多真挚，群众就会对你有多亲近、多爱护、多信任、多支持。领导干部身在领导岗位，要带头讲真话、道实情、办实事，对群众作出的承诺，要真心对待、言出必行，不讲伤害人民群众感情的话，不讲兑现不了的话，努力造福人民，这样才能取信于民，获得人民的拥护和支持。

中不欺骗良心，当以自律立身。苏联时期著名教育家苏霍姆林斯基说，良心是信念的感情哨兵。对于领导干部来说，讲良心是自己为人处世的基本原则，也是不被不良思想侵蚀的第一道关卡，事实证明，能够在做事时将良心放在首位的领导干部才能够得到百姓的认可，而那些已经将良心丢掉的人，最终只能够得到百姓的唾骂。为此，领导干部要以自律立身，善于"限制自己"，以敬畏之心面对"权力"、以淡泊之心面对"地位"、以律己之心面对"利益"，耐得住寂寞，抵得住诱惑，常想立身之本，常思贪欲之害，常怀律己之心，始终保持共产党人的浩然正气，做一个人民群众心目中的好党员、好干部、好领导。

5 守本分与有本事，如鸟之两翼、车之两轮，守本分是为政之德，能干事是履职之要

通俗地说，守本分就是尽职责、守规矩，干事干净；有本事就是有水平、有能力，能够成事。守本分与有本事，如鸟之两翼、车之两轮，相辅相成、缺一不可。守本分是为政之德，能干事是履职之要。一名领导干部守本分、有本事是能官，守本分、无本事是庸官，有本事、不守本分就可能成为贪官。没有本事会误事，不守本分会出事，守本分、有本事才能做成事，才能适应新要求、迎接新挑战、完成新使命。

守本分才能确保事情做好。守本分，主要体现在说话老实、干事踏实、生活朴实、为人真实。守本分是每一名领导干部在从政时所要遵守的重要原则。毛泽东同志讲过，全党同志要"当老实人，讲老实话，做老实事"。邓小平同志曾说："做老实人，说老实话，办老实事，这是一个共产党员的起码标准。"领导干部守本分，就是要恪守老实的品质，始终把纪律规矩挺在前头，不越雷池，不踩红线。作为一名领导干部，任何离开本分的本事，都是非常危险和可怕的，迟早会摔跟头。看看那些因贪腐栽跟头的领导干部，他们

能走上领导岗位，可以说都有一些过人的本事，可就是因为不守本分、不遵守纪律规矩，结果从党的干部蜕化变质为人民的罪人，危害党和人民的事业，最终丧失了领导干部的立身之本，直到身陷囹圄才追悔莫及。

有本事才能保证事情做成。本事，主要体现为有真才实学，能胜任本职工作，也就是人们常说的"有两把刷子"。如果说本分是干部的为政之德、立身之本，那么本事就是干部的履职之要、成事之基。进入新时代，国情世情都深刻变化，我们党所面临的危机和挑战也与过去不同，要化解危机，直面挑战，就要求领导干部与时俱进，不断提升自己的能力和水平，以便更好应对这个瞬息万变的世界，更好地解决各种问题，做到想干事，能干事，做一个真正有利于国家发展的好党员好干部。

德才兼备方能堪当重任。有德无才贻误事业，有才无德祸害事业，无德无才阻碍事业，德才兼备成就事业。习近平指出，实现中华民族伟大复兴，坚持和发展中国特色社会主义，关键在党，关键在人。"才者，德之资也；德者，才之帅也"。德才兼备，才能成为统帅，这是我们党一直坚持的用人标准。领导干部的"德"，包含政治品德、职业道德、社会公德、家庭美德、个人道德，只有自身作风过硬，信念坚定，本领高强，才能让党和人民群众信得过，不辜负党的信任和人民的期待。领导干部的"才"就是能力突出、专业过硬，贯彻新理念、运用新技能、采取新手段，更新观念、转变作风、丰富知识、提升工作能力和水平，做能力强、工作实、敢担当的人民公仆，肩负起时代赋予的历史使命。

6 筑牢"不畏浮云遮望眼"的坚定自信，扎深"风雨不动安如山"的稳固根基，始终对党忠诚、政治过硬、本领高强

历经百年风华岁月，久经磨难的中华民族迎来了从站起来、富起来到强起来的伟大飞跃，前所未有地接近实现中华民族伟大复兴的目标。这一切都离不开我们党坚强有力的领导。当前，我国经济社会发展面临的国际环境和国内条件都发生了深刻而复杂的变化，领导干部必须坚定信心和决心，排除一切干扰和诱惑，始终对党忠诚、政治过硬、本领高强，把"两个维护"落实到行动中，坚定不移跟党走。

不畏浮云遮望眼，直挂云帆济沧海。 中华民族伟大复兴的道路从来都是坎坷不平的，船到中流浪更急，正是在党中央集中统一领导下，我们才踏平坎坷成大道，迎来民族复兴的光明前景。当今世界正面临百年未有之大变局，世界正经历新一轮大发展大变革大调整，大国战略博弈全面加剧，国际体系和国际秩序深度调整，人类文明发展面临的新机遇新挑战层出不穷，不确定不稳定因素明显增多。这一变局给中华民族伟大复兴带来了重大机遇和挑战。严峻复杂的国际形势，更应使我们深刻认识到中国梦不是轻轻松松、敲锣打鼓就能实现的，必须准备付出更为艰巨、更为艰苦的努力，进行具有许多新的历史特点的伟大斗争。越是情况复杂，越要坚定信念；越是在接受考验的关口，越要更加自觉地维护党的团结统一，毫不动摇坚持党的领导，集中精力贯彻落实党的路线方针政策和党中央重大决策部署。党始终成为中国特色社会主义事业的坚强领导

核心，就是实现中华民族伟大复兴梦想的最坚强政治保证。

立根铸魂培其本，风雨不动安如山。领导干部要做到风雨不动安如山，要看清干扰和诱惑的本质，认识到那些搞邪门歪道的人对你进行利欲诱惑，无非是各种运用公开透明的社会公共规则不能实现，而妄图用暗地里的另类规则去达到的一种手段，只有筑牢"不想"的思想防线，坚定理想、牢记宗旨，端正自己的价值取向，始终保持"赶考"的清醒，保持对"腐蚀""围猎"的警觉，才能在利欲诱惑面前做到"心不动"；要守住纪律法律底线，有了"不伸手"的思想基础，认真学习党的制度和国家政策的各种规定，依靠纪律法律等外部力量进行强有力的监督，牢记伸手必被捉的告诫，才能进一步坚定"不动心"的定力。

政治过硬葆初心，本领高强担使命。领导干部要永葆初心、担当使命，必须做到政治过硬、本领高强。政治过硬的内涵是丰富而深刻的，既体现为对党忠诚，不断增强"四个意识"、坚定"四个自信"、做到"两个维护"，又体现为人民情怀，把人民放在心中最高位置，要求领导干部坚定政治信仰、秉持人民立场、严明政治纪律和政治规矩，反对一切损害人民利益、脱离群众的行为。广大领导干部只有真正做到政治过硬，"为中国人民谋幸福"的初心才能始终不动摇，我们党长期执政的根基才能变得更加坚实。离开本领支撑的初心使命，犹如无本之木、无水之源。习近平总书记在党的十九大报告中提出了要增强学习本领、政治领导本领、改革创新本领、科学发展本领、依法执政本领、群众工作本领、狠抓落实本领、驾驭风险本领八个方面的本领。只有与时俱进提高本领、能力和水平，才能适应我国社会主要矛盾的深刻变化，才能适应我国经济由高速增长向高质量发展的转变，才能适应从小康到现代化的交汇与跨越，始终走在时代前列，更好地践行"为中国人民谋幸福，为中华民族谋复兴"的初心使命。

7　砥砺过硬的政治定力，培养过硬的能力素质，锤炼过硬的作风形象，以忠诚干净担当的政治品格行稳致远

习近平总书记强调，新时代，我们党要团结带领人民实现"两个一百年"奋斗目标、实现中华民族伟大复兴的中国梦，必须贯彻新时代党的组织路线，努力造就一支忠诚干净担当的高素质干部队伍。领导干部是我们党的基石和依靠，唯有具备过硬的政治定力、能力素质、作风形象，才能真正凝聚起、团结起实现中华民族伟大复兴中国梦的磅礴力量。

盖有非常之功，必待非常之人。"致天下之治者在人才"，领导干部是党的事业的骨干，是推动党和国家发展的第一资源，领导干部的政治定力、能力素质、作风形象如何，直接影响为党和人民干事创业的成效、个人成长与发展是否能行稳致远。政治定力是判断一名领导干部成熟与否的重要标志，能力素质是领导干部开展领导活动、完成领导任务不可缺少的基本条件和重要保证，作风形象是领导干部权利观、地位观、利益观在其具体行为中的直接体现。风生水起才知天高云淡，沧海横流方显英雄本色。领导干部只有拥有过硬的政治定

力、过硬的能力素质和过硬的作风形象，才能经受得住挫折、挑战的考验，始终保持信念坚定、意志坚强、态度坚决，敢担当、勇作为，在困难面前不叫苦，在危急时刻不退缩，在压力之下不低头。

疾风知劲草，烈火炼真金。毛泽东同志说："我们是为着解决困难去工作、去斗争的。越是困难的地方越是要去，这才是好同志。"实践既是检验政治能力的"试金石"，也是锻造高强本领和优良作风的"磨刀石"。新时代的领导干部，要自觉砥砺政治定力，端正价值取向和精神追求，把坚定理想信念作为安身立命的"主心骨"、修身立业的"压舱石"，坚持不懈抓好理论武装，带头严守政治纪律、政治规矩；要自觉培养过硬本领，克服自满和懈怠，端正态度，改变观念，大力提高专业思维和专业素养，做到干一行爱一行、钻一行精一行；要自觉锤炼过硬作风，在工作中察实情、讲实话、办实事、求实效，靠前指挥、主动作为、积极求索，事情一件一件去做，工作一项一项去抓，赢得群众的尊重和信赖。

8 为党分忧、为国尽责、为民奉献，勇于担苦、担难、担重、担险，以实际行动诠释对党的忠诚

忠诚是我们党永不褪色的旗帜，是共产党人首要的政治品质。回望百年征程，我们党一路走来，历经无数艰险和磨难，但任何困难都没有压垮我们、任何敌人都没能打倒我们，靠的就是千千万万党员的忠诚。真正的忠诚源于觉悟，见之于行动。新时代领导干部

应始终牢记对党忠诚要表里如一、知行合一，把忠诚体现到实际行动上，在新时代新征程中留下许党报国的奋斗足迹。

对党忠诚既是政治标准，更是实践要求；既看政治态度，更看实际行动。忠诚不是自然而然产生的，对党要有朴素的感情，更要有理性的自觉。习近平总书记强调："要用知重负重、攻坚克难的实际行动，诠释对党的忠诚、对人民的赤诚。"忠诚如果只停留在口头上，只体现在文件中，就会成为"伪忠诚"。领导干部要始终把对党忠诚摆在首位，自觉在政治上、思想上、行动上做到对党忠诚；要坚定理想信念，铸牢对党忠诚的思想根基；不断修炼自我，永葆对党忠诚的精神本色；牢记初心使命，在勇于担当中落实对党忠诚的行为要求。进入新时代，面对新格局，踏上新征程，我们党前进的道路上仍面临许多难关和挑战，只有把对党忠诚落在实际行动上，言出行随、笃信笃行，才能称得上真正的忠诚。领导干部必须把埋头苦干、真抓实干作为对党忠诚最有力的实践，必须把勇挑重担、克险前行作为对党忠诚最切实的检验，必须把闯关夺隘、开创新局作为对党忠诚最实际的见证，做到任何时候任何情况下都不改其心、不移其志、不毁其节，为党分忧不添乱、为国尽责不偷懒、为民奉献不伸手，在平凡岗位上奋勇争先、争创一流业绩，以实际行动诠释对党的忠诚。

事不避难，义不避责；忧党忧在深处，担当担在急处。领导干部能否勇于担苦、担难、担重、担险，既是事业心、责任感和党性修养的"试金石"，也是衡量素质高低、称职与否的重要标尺。勇于担苦，就要以苦砺心志，坚持以俭修身、以俭兴业，始终保持艰苦奋斗的作风，发扬吃苦耐劳的精神，既要不怕苦、肯吃苦、吃得了苦，还要自找"苦"吃，严于律己，用自己的"辛苦指数"换取人民群众的"幸福指数"；勇于担难，就要克难显勇毅，平静的湖水练不出好舵手，顽强的意志须经风吹浪打，要发扬"明知山有虎，偏向虎山行"的精神，知难而进、迎难而上，涵养解难题、破困局的攻坚能力，能啃"硬骨头"、会解"千千结"、善接"烫手山芋"，把自己锤炼成为一名勇于攻坚克难的新时代奋斗者；勇于担重，就要练就"铁肩膀"，顶住压力、排除干扰，把个人理想融入事业发展的伟大实践，主动到吃紧吃劲的岗位上去劳筋骨、磨心志、增本领，练好挑大梁、担重任的"硬脊梁""铁肩膀"，切实扛起党和人民赋予的"硬责任"；勇于担险，就要越是艰险越向前，涉深水者得蛟龙，保持不畏艰险、锐意进取的韧劲，关键时刻、紧要关头，豁得出、用得上、靠得住，做群众信赖的"主心骨"，做党组织放心的好干部。

9 涵养"心中有党"的"浩然正气"，擦亮"心中有民"的"党员本色"，强健"心中有责"的"担当臂膀"，锻造"心中有戒"的"坚盔利甲"

习近平总书记教导我们，要"心中有党、心中有民、心中有责、心中有戒"。在新的历史条件下，领导干部只有时刻做到心中有党、心中有民、心中有责、心中有戒，把正气、人民、担当、纪律都留存在心中，才能不忘初心牢记使命，不负民情不负党恩，在历史洪流中巍然屹立、行稳致远、方得始终。

　　心中有党，老实忠诚存正气。正气就是正大光明的作风或风气，是一种精神状态、人生境界，它可以使"贪者耻，庸者志，懦者立"。正气是坚定的理想、执着的信念，是深深嵌入人们心中的动力源泉，激励着成千上万的人为理想而奋斗。有正气的人可以经受一次又一次的挫折和打击，可以踏平坎坷、走向坦途。领导干部存正气，就是要永远保持对党忠诚，坚决维护党中央权威和集中统一领导，进一步增强"四个意识"、坚定"四个自信"；领导干部讲正气，就要说老实话、办老实事、做老实人，坚持原则，发扬民主，清清白白做人、堂堂正正处事。

　　心中有民，牢记宗旨不忘本。我们党来自人民、为了人民、依靠人民，全心全意为人民服务是其一贯的宗旨。习近平总书记告诫我们，立规矩、正规矩、治规矩，说到底就是要凝聚民心。人心是最大的政治。领导干部要自觉站在无产阶级的阶级立场，重大问题面前始终以人民和国家的利益为最高利益，日常生活中自觉保持谦虚谨慎，艰苦朴素的本色，全心全意为人民服务；要把实现人民的愿望、满足人民的需要、维护人民的利益作为干事创业的出发点和落脚点，坚持问需于民，想群众之所想、急群众之所急、盼群众之所盼，真正把群众满意不满意、拥护不拥护、赞成不赞成作为衡量工作的最高标准，自觉坚持党的根本宗旨，诚心诚意为人民谋利益。

　　心中有责，担当作为不懈怠。习近平总书记强调："坚持原则、敢于担当是党的干部必须具备的基本素质。"责任就是担当、就是干事。大责任，大担当；有多大的担当，就能干成多大的事情。领导干部手中都有一定的权力，这权力是人民赋予的，是用来为广大人民群众服务的，只有始终把"扑下身子讲实干、扛起担子讲担当"作为工作信条，始终保持平和的心态和积极向上的工作激情，才能做到守一方土，尽一份责；只有做到心中有责、胸中有策、手中有招，才能把各项工作抓实、抓好，让组织放心，让群众满意。

心中有戒，遵规守纪不妄为。领导干部做到心中有戒，就是必须严守政治纪律和政治规矩。要加强组织和纪律修养，从遵守和维护《中国共产党章程》入手，牢固树立党章意识，自觉把党章作为根本的行为准则，用党章规范自己的言行，把遵守党的政治纪律和政治规矩落实到自己的全部工作中；要注重加强自身修养和道德建设，始终做到言行一致、表里如一，坚决不当"两面人"；要牢固树立红线意识，坚守党纪国法不逾越、执行党的纪律无例外，守住细节，管住小节，抵得住诱惑，耐得住寂寞，心中有盏"明灯"，脑中有把"戒尺"，做到不闯红线、不触底线、不越雷线。

10 思想上认同组织、政治上依靠组织、工作上服从组织、感情上信赖组织，一切交给党安排，正是领导干部对自身最优、最美的职业设计

习近平总书记强调："干部都是党的干部，不是哪个人的家臣。"这句话道出了干部的本质，领导干部是党的人，只有党组织一个上级、一个靠山。现实中，一些领导干部搞人身依附关系、盛行"圈

子文化",搞政治攀附,结党营私获取"政治资源",严重扭曲了人生观、价值观。领导干部只有相信组织、依靠组织,在党的带领下,才会不断进步、不断成长。

组织是最大的靠山,离开组织什么也不是。刘伯承说过:"离开党,像我们这些人,都不会搞出什么名堂来的。"党员与党的关系是个人与组织的关系,好比细胞与人体的关系,细胞离不开人体,党员也离不开组织。党组织是干部政治生命的母体、人生价值的依托、成长进步的靠山,有组织的悉心培育,干部才有干事创业的平台,才有展示才华的舞台,才有实现价值的途径。可以说党组织伴随着领导干部成长进步的全过程,在迷茫时是组织在指引方向,在犯迷糊时是组织在解疑释惑,在困境时是组织在排忧解难,是党的关心关怀,保障了干部的健康成长。领导干部要时刻牢记"我是组织的人",有了组织,就有了希望;有了组织,就有了依靠;有了组织,就有了动力。如果没有组织观念,搞不清组织与个人的关系,与党离心离德、与组织反向而行,就如同无源之水,难以源远流长;就像无本之木,难以扎根肥沃的土壤茁壮生长;就会失去组织这个靠山,一事无成。

自身最优最美的职业设计,就是一切服从组织安排。职业设计是对一个人未来在职业岗位上工作和发展的整体策划,目的是帮助个体更好地发挥其潜力,职业生活更加愉快。人生在世,会当有业。应当讲,必要的职业生涯规划对个人的价值实现不可或缺。但是,领导干部绝不该有精致利己的"自我设计",更不能"另辟蹊径",搞团团伙伙、人身依附。领导干部是党组织的人,党组织在民主集中制基础上，坚持德才兼备、事业上"选贤用能"，而不是因人设岗、因人设位。无论哪个干部都设计精致利己"升迁路线图"，都只能是枉费心机、害人害己。领导干部要有"个人成长靠组织""党让我们去哪里，我们就去哪里"的意识，始终听党话、感党恩、跟党走，强化党的意识和组织观念，自觉在思想上认同组织，坚定跟党走的信念，坚定个人的政治立场和政治追求；在政治上依靠组织，依靠组织教育坚定方向、依靠组织关爱成长进步、依靠组织监督健康成长；在工作上服从组织，沉下心来干工作、艰苦奋斗干事业；在感情上信赖组织，相信组织、维护组织、感恩组织，坚信个人成长离不开组织的教育培养和关心关爱，把自己的一切交给党安排，把自身最优、最美的职业设计交给组织，最终接受组织的检验和挑选，在自我奋斗的人生中实现价值追求。

11　多从政治上想一想，多从大局上看一看

习近平总书记强调，我们党要始终做到不忘初心、牢记使命，把党和人民事业长长久久推进下去，必须增强政治意识，善于从政治上看问题，善于把握政治大局。领导干部做任何事情，都要提高政治站位，多从政治上想一想、大局上看一看，从政治角度、大局观念去把握形势、谋划工作、分析问题、狠抓落实。

以政治思维想问题、大局意识看形势。邓小平同志曾说，政治家的眼界要非常开阔，"要从大局看问题，放眼世界，放眼未来，

也放眼当前，放眼一切方面。"做任何事情，只有眼界宽广、目光远大，才能看得更广、更远。如果鼠目寸光、坐井观天，视野所及、心之所止，必然会被时代淘汰。身处中华民族伟大复兴的战略全局、世界百年未有之大变局，站在"两个一百年"的历史交汇点上，领导干部只有树立起正确的政治观、大局观，以政治思维想问题、大局意识看形势，才能提高政治觉悟，把准政治方向，保持政治本色，坚持走中国特色社会主义道路；才能深刻认识大局，做到顺势而为、奋发有为，不贻误发展机遇，全力围绕大局、服务大局，担当作为、行稳致远。

政治能力是第一位的，应不断提高"三力"。 习近平总书记指出："各级干部特别是领导干部要善于从政治上看问题，站稳立场、把准方向。"要始终忠诚于党，始终牢记政治责任。如果领导干部不善于从政治上看问题、想问题，就容易在政治方向上出现问题。领导干部遇事要多想政治要求、办事要多想政治规矩、处事要多想政治影响、成事要多想政治效果。完成一项工作不仅要考虑其经济效果、社会效果等方面，更要善于站在政治视角，延伸思考想到工作背后的政治考量。要习惯站在政治和全局的高度评估工作落实的成效，多考虑其在政治上所能够带来的成效和影响；要不断提高政治判断力、政治领悟力、政治鉴别力，从思想深处增强政治敏锐性、政治免疫力，有效防范和化解政治风险。

"国之大者"必心中有数。 所谓"国之大者"，就是中国人民的幸福、中华民族的复兴，就是事关全局、事关根本、事关未来、事关党和国家事业兴衰成败的大事。习近平总书记指出，领导干部想问题、作决策，一定要对国之大者心中有数，多打大算盘、算大账，少打小算盘、算小账，善于把地区和部门的工作融入党和国家事业大棋局，做到既为一域争光、更为全局添彩。这些话强调的就是，作为领导干部必须具备知大局、懂大局、为大局的眼界胸怀和能力本领。只有始终心怀"国之大者"，方可有大格局、大作为，方可因势而谋、因势而动、因势而进。领导干部要主动把"两个大局"作为我们谋划工作的基本出发点，加强工作战略性、系统性、前瞻性研究谋划，看得清辨得明大势、大事和大局，牢固树立一盘棋思想，坚持局部服从整体，善于从战略全局谋划推动工作，坚定维护党和国家重大原则、重大立场和重大利益，防止和克服只见树木不见森林、只看当下不顾长远、只重局部忽视全局的"短视症"。

12 用政治的"望远镜"登高望远，用政治的"显微镜"见微知著

毛泽东曾生动指出："我们的眼力不够，应该借助于望远镜和显微镜。马克思主义的方法就是政治上军事上的望远镜和显微镜。"当前发展形势错综复杂，领导干部要有较强的政治敏锐性、战略思维和长远眼光，学会运用马克思主义的思维方法，在当前发展格局中把准方向、掌握规律，增强政治鉴别力，较好地推动社会主义事业建设。

必须掌握马克思主义这一世界观方法论。世界观是关于世界的总的看法和根本观点，是教会人们"怎么看"的问题；方法论是指人们认识世界和改造世界的一般办法，是教会人们"怎么办"的问题。马克思主义是关于自然、社会和思维发展的普遍规律的学说，是无产阶级的科学世界观和方法论，是共产党人认识世界、改造世界的重要武器，它最根本的世界观和方法论是辩证唯物主义和历史唯物主义。进入新时代，面对世界大发展大变革大调整的新形势，以及层出不穷的新情况新问题新矛盾，领导干部只有掌握了马克思主义辩证唯物主义和历史唯物主义的政治"望远镜"和政治"显微镜"，才能更好应对风险挑战、解决矛盾问题、推动事业发展。用政治的"望远镜"登高望远，以政治眼光认识和把握世界发展大势和时代潮流，就能把稳航向和厘清发展思路；用政治的"显微镜"见微知著，分析研判事物发展的趋势性，掌握规律，就能够透过现象看本质，增强政治敏锐性和抵御风险能力，正确处理好发展、改革和稳定的关系。

必须念好马克思主义这本"万能真经"。习近平总书记强调："马克思主义就是我们共产党人的'真经'，'真经'没念好，总想着'西天取经'，就要贻误大事！"领导干部要把读马克思主义经典、悟马克思主义原理当作一种精神追求，认真学习马克思主义经典著作特别是深入学习习近平新时代中国特色社会主义思想，学习掌握唯物辩证法的根本方法，在学懂弄通做实上下功夫，准确地、全面地、深刻地把握其科学体系、丰富内涵和精神要义。要认真研究蕴含其中的马克思主义立场观点方法，掌握马克思主义基本原理，把辩证唯物主义和历史唯物主义世界观、方法论转化为解决问题的有效途径。通过学习掌握马克思主义的世界观、方法论，坚定正确政治方向、政治立场、政治信仰，让领导干部的政治能力在自觉自知中提升。

必须用好马克思主义这个"看家本领"。掌握了马克思主义辩证唯物主义，也就掌握了真理，是我们党掌舵领航、谋划全局、制定政策、推动工作的支撑性要素，在实际斗争中就可以少犯错误、少走弯路、少受挫折。领导干部要善于运用政治上的"望远镜"登高望远，会用马克思主义的世界观、方法论观察和判断世界形势，从而围绕中心、服务大局，始终把所从事的工作放在中心大局中去考虑；会用战略眼光看事情，善于从全局、长远、战略的高度看问题，增强作决策的预见能力；会用深邃眼光看事情，想问题、办事情、作决策，都应着眼未来、着眼长远，从最广大人民群众的利益出发，不断增强工作的前瞻性。要善于运用政治"显微镜"看问题，培养草摇叶响知鹿过、松风一起知虎来的"见微知著"能力，科学预见形势发展走势和隐藏其中的机遇挑战，做到牢牢把握机遇、不断取得新突破，沉着应对挑战、消祸于未萌之时，增强驾驭复杂局面、处理复杂问题的本领。

13 理论联系实际，前提是学懂弄通理论，掌握思想真谛

理论联系实际既是马克思主义的基本原则，也是我们党历来坚

持的一贯作风和优良传统。在当前经济社会高速发展的时代，领导干部要把握好这一"利器"，做到学懂理论是前提，弄通原理是关键，掌握应用是结果，才能把领悟的知识转化为自身所用，推动工作向前发展。

思想是行动的先导，知之愈明则行之愈笃。 习近平总书记指出，我们党的历史反复证明，什么时候理论联系实际坚持得好，党和人民事业就能够不断取得胜利；反之，党和人民事业就会受到损失，甚至出现严重曲折。理论联系实际是我们党的优良作风之一，是领导者非常重要的才能之一。领导干部只有通过学习，提高理论水平，在理论中汲取智慧之源，才能不断增强理论联系实际能力，不断提高认识问题、分析问题、解决问题的能力。领导干部要深入学习马克思主义基本原理特别是习近平新时代中国特色社会主义思想，前后贯通学、及时跟进学，坚持读原著学原文悟原理，原原本本学、原汁原味学，边学边思、边学边悟，学深悟透基本原理；要刻苦钻研马克思主义的思想方法，努力掌握蕴含其中的立场观点方法、道理学理哲理，做到学思用贯通，知行信统一，运用党的科学理论武装头脑、指导实践、推动工作。

知其言更要明其义，知其然更应知其所以然。 学而不思则罔，任何时候，对于任何一项工作，思考都是不可或缺的。一个人不想思考、不善于思考，是创造不出一流工作成绩的。可以说，人与人之间的差距不仅是在学习、工作中拉开的，更是在思考中拉开的。领导干部要养成勤于思考的习惯，对待马克思主义理论体系，光简单地学是不够的，必须"真学""真懂"，掌握其完整的思想体系、精神要义、主要观点和思维方法，而不能停留在流于形式或一知半解的"装学""假懂"上；要用党的创新理论武装头脑，多学、多思、多悟，防止只熟悉概念而不懂实质、只知其一而不知其二，防止只武装嘴巴不武装头脑，真正提高运用马克思主义立场观点方法判断形势、分析问题、化解矛盾的能力。

争做起而行之的实干家，拒当坐而论道的清谈客。 习近平总书记指出："读书是学习，使用也是学习，并且是更重要的学习。"理论学习根本目的在于增强工作本领、提高解决实际问题的能力和水平。领导干部不能只对理论的内涵娓娓道来，一旦面对现实问题，就理论脱离实际，不能从实际出发，遇到难题束手无策。领导干部从事领导工作，要起而行之，坚持理论从实践中来，并接受实践的检验，弘扬理论联系实际的学风，带着问题学，既向书本学习，又向实践学习，向人民群众学习；坚持实事求是，以理论为指导，从实际出发谋划事业，把研究问题、解决问题作为学习的出发点和落脚点，使提出的点子、政策、方案符合实际情况、符合客观规律、符合科学精神，以创造性工作把党中央决策部署落到实处。

14 把强化理论武装作为首要之务，把对党绝对忠诚作为安身之本，把提升能力素质作为干事之基

习近平总书记强调，心有所信，方能行远。"领导干部要忠诚

干净担当，忠诚始终是第一位的。""我们党既要政治过硬，也要本领高强。"从近年来的干部队伍建设情况看，有的干部理想信念滑坡、对党不忠诚、能力不足等问题仍然存在，对党和人民事业造成了影响。领导干部要对标习近平总书记要求，以案为鉴，始终把强化理论武装作为首要之务、把对党绝对忠诚作为安身之本、把提升能力素质作为干事之基，不断筑牢理想信念、坚定政治信仰、提升干事能力。

政治上的坚定来自理论上的清醒。党的十九大报告提出："要把坚定理想信念作为党的思想建设的首要任务。"习近平总书记强调，崇高信仰、坚定信念不会自发产生。要炼就"金刚不坏之身"，必须用科学理论武装头脑，不断培植我们的精神家园。理想信念和理论武装息息相关，理想信念动摇是最危险的动摇，领导干部只有把强化理论武装作为首要之务，才能不断坚定理想信念。思想上的追随是最内在的追随，理论上的认同是最根本的认同。信仰信念不是没有根基的空中楼阁，而是要建立在深厚的理论修养基础上。领导干部要学好用好马克思主义理论体系，领会辩证唯物主义、历史唯物主义的世界观和方法论，学出政治忠诚、学出坚定信仰，不断增强"四个意识"、坚定"四个自信"、做到"两个维护"。

对党绝对忠诚，就要时刻听党话感党恩跟党走。习近平总书记指出："我们共产党人的根本，就是对马克思主义的信仰，对共产主义和社会主义的信念，对党和人民的忠诚。立根固本，就要坚定这份信仰、坚定这份信念、坚定这份忠诚。"对党忠诚是终身行为、修身之本，是领导干部最基本的政治素质，是坚定政治信仰、政治方向、政治原则，增强政治鉴别力，战胜各种风险挑战的根本要求。如果没有对党忠诚这根政治上的"定海神针"，干部就可能会在各种考验面前败下阵来。领导干部要把对党绝对忠诚作为安身之本，忠诚必须彻底，不能有所保留，对党绝不能有二心，任何时候都与党同心同德，不改其心、不易其志、不毁其节。忠诚意味着必须坚决服从，党叫干什么就坚决干什么、党不让干什么就坚决不干什么，不讨价还价，始终严格服从党的命令、坚决听从党的指挥。忠诚还意味着必须保持纯洁，永葆对党表里如一、始终如一、知行合一的忠诚，在岗位要忠诚、退休了也要忠诚，真正对党忠诚到极致。

打铁必须自身硬，为官更要本领强。能力是干事的基础，领导干部做任何事情，光有热情还不够，只表决心也没有用，关键还是看真本事、硬功夫，才能冲得上去、拿得下来。早在延安时期，毛泽东同志就提出："我们队伍里边有一种恐慌，不是经济恐慌，也不是政治恐慌，而是本领恐慌。"习近平总书记指出，本领恐慌在党内相当一个范围、相当一个时期都是存在的。所以，领导干部只有提升能力素质，才具备会干事、能干事、干成事的本领；只有时刻保持危机感，补短板、强弱项，不断增强"八种本领"，提升"七种能力"，优化能力结构，才能克服本领不足、本领恐慌、本领落后的问题，使领导和决策体现时代性、把握规律性、富于创造性，在把握新发展阶段、贯彻新发展理念和融入新发展格局中占得先机。

15 坚定信念是灵魂，求真务实是精髓，一心为民是本质，清正廉洁是品格，艰苦奋斗是要义，争创一流是特质，无私奉献是内核

苏区在中国革命历史长河中具有重要地位，苏区精神在中国革命精神建设史上也有着极其重要的历史地位，它是中国共产党优良传统和中国革命精神的重要组成部分。这几句话就是苏区精神的内涵提炼。习近平同志曾指出："在革命根据地的创建和发展中，在建立红色政权、探索革命道路的实践中，无数革命先辈用鲜血和生命铸就了以坚定信念、求真务实、一心为民、清正廉洁、艰苦奋斗、争创一流、无私奉献等为主要内涵的苏区精神。"苏区精神是值得永远传承的"红色基因"。领导干部要深刻理解和把握苏区精神内涵，秉持精神扎实推进工作。

苏区精神永放光芒。苏区精神是以毛泽东为代表的中国共产党人在领导创建、发展和保卫全国各苏区的革命实践中培育形成的革命精神。在中国共产党领导的革命长河中，谱写这段历史的苏区精神也因之惊天地、泣鬼神。聂荣臻曾说瑞金是"永远值得敬重和怀念的红都瑞金"。苏区精神尽管是多年前铸就的，但它历久而弥新，是老一辈革命家伟大精神的体现，是老一辈革命家留给我们的伟大财富，仍具多维的时代价值。它是中国共产党人和革命人民先进性的集中体现，可以成为建设中国特色社会主义的强大精神动力；它凝聚了中国共产党执政的初始经验，对于当代中国共产党人执政为民、执政兴国，不断加强执政能力建设具有重要的

借鉴意义；它蕴含着党的建设的丰富经验，为当前以改革创新精神全面推进党的建设新的伟大工程、加强反腐倡廉建设提供了历史之镜；它是新时期全国人民奋力推进全面建设社会主义现代化国家新征程的重要精神动力。领导干部要全面认识苏区精神的重要性，推动社会主义现代化建设和实现中华民族伟大复兴，仍然需要这种伟大的理想信念、高尚的思想境界、开拓的精神风貌、清正的廉洁作风、无私奉献的精神追求，这是当代开创工作新局面不可缺少的精神光芒。

永远传承红色基因。习近平总书记强调："井冈山精神和苏区精神，承载着中国共产党人的初心和使命，铸就了中国共产党的伟大革命精神。这些伟大革命精神跨越时空、永不过时，是砥砺我们不忘初心、牢记使命的不竭精神动力。"征途漫漫，唯有奋斗。作为新时代的领导干部，感悟初心、担当使命，仍然需要我们从苏区精神中汲取红色滋养，承续伟大力量，把苏区精神体现在一言一行中，把各项事业做到最好、做到极致。领导干部要坚定信念，始终保持对远大理想和奋斗目标的清醒认知和执着追求，真正做到"虔诚而执着，至信而深厚"，自觉把理想信念转化为行动力量，忠贞不渝、百折不挠、勇往直前；要求真务实，转变作风，把每项工作都往实里做、往深里做，以雷厉风行、不抓则已、抓则必成的作风作出实实在在的业绩；要一心为民，树牢为人民服务宗旨意识，把人民对美好生活的向往作为奋斗目标，扎扎实实为人民群众解难题、办好事，不断增强群众的获得感、幸福感、安全感；要清正廉洁，时常对标对表党章党规党纪要求，主动接受党和人民群众的监督，牢记

"当官发财两条道"的教诲，淡泊名利、洁身自好，慎独、慎行、慎微；要艰苦奋斗，始终为人民不懈奋斗、同人民一起奋斗，切实把奋斗精神贯彻到伟大事业全过程；要争创一流，用心用情用力，真正把感情投入工作，把大事做稳妥、把小事易事做精致、把"分内事"做出高水平、把"分外事"做出高境界，创造出一流工作水平，更好实现高质量发展；要无私奉献，以国为重、心系群众、舍己为公，主动摒弃"小我"的个人至上，积极融入"大我"的为民事业，最终达到"无我"的高尚境界，作出无愧于党、无愧于人民、无愧于时代的成绩。

16 没有离开政治的业务，也没有离开业务的政治，政治能力始终是第一能力

《学思践悟》刊文指出，"目前，党内有些同志孤立、机械、静止地看待讲政治，好像讲政治就是'左'，乐于说自己是搞业务的，显得自己不是搞政治工作的"。点出了在一些领导干部身上出现的"重业务、轻政治"错误倾向。领导干部无论身处哪个级别，无论从事哪个领域工作，都必须时刻牢记自己是党的干部，第一身份是党员，第一职责是为党工作，干的都是党的事业，讲政治是必须履行的职责和义务，理所应当旗帜鲜明讲政治，始终在思想上政治上行动上同以习近平总书记为核心的党中央保持高度一致。

政治是一切工作的生命线。习近平总书记强调，"政治问题，

任何时候都是根本性的大问题"，"旗帜鲜明讲政治是我们党作为马克思主义政党的根本要求"。秉纲而目自张，执本而末自从。政治是统帅、是方向，做任何事情如果连方向都搞不准，就不可能达成目标、取得实效。所有业务工作，都是贯彻落实党的路线方针政策的具体化，有着明确的政治方向、政治标准和政治要求，本身就是政治。一切业务工作只有在讲政治的前提下开展，并且贯穿始终，才能方向准、原则清、路径对、有实效，才不会走偏走邪、走入歧途。现实中，有的领导干部看重行政职务，忘记了自己的党内职务，讲起业务工作头头是道，说到党建工作一笔带过；有的把"业务"和"政治"人为割裂开来，认为讲政治就是表态、就是喊口号，是空的、虚的，自以为抓业务才是实际的，诸如此类都是舍本逐末。

讲政治不仅是口头表态，更是实际行动。讲政治是抓业务的根本前提，抓业务是讲政治的具体体现，只有坚持讲政治和抓业务有机统一，两手抓、两手硬，抓业务才能方向明、目标清，讲政治才能讲得实、落得下。离开业务讲政治，就成了空头政治，讲政治就没有归宿、没有价值体现。领导干部作为主政一方、掌管一域的带头人，讲政治不能空喊口号，必须体现在具体行动和实际工作中，落实到工作业务的实绩实效上。有的干部空洞地讲政治，把"四个意识"天天挂在嘴上，工作却始终"涛声依旧"；有的机械地讲政治，做工作照搬照抄、盲目执行，最后事与愿违；有的虚假地讲政治，以讲政治为借口，务虚功、行伪事，大搞形式主义、官僚主义。这些错误的认知和言行，既背离了讲政治的要求，更贻误了党和人民事业的发展。

政治过硬不仅是一种素质，更是第一位的能力。习近平总书记强调，各级领导干部要注重提高政治能力，使自己的政治能力与担任的领导职责相匹配。政治能力就是把握方向、把握大势、把握全局的能力，就是辨别政治是非、保持政治定力、驾驭政治局面、防范政治风险的能力。领导干部如果不善于从政治上看问题、办事情，就把握不了方向、驾驭不了局面，讲政治和抓业务必然就落了空。领导干部要着力提高政治判断力，善于从一般事务中发现政治问题，善于从倾向性、苗头性问题中发现政治端倪，善于从错综复杂的矛盾关系中把握政治逻辑，坚持政治立场不移、政治方向不偏；要着力提高政治领悟力，对党中央精神深入学习、融会贯通，坚持用党中央精神分析形势、推动工作，善于从政治上观察和处理问题，使讲政治从外部要求转化为内在动力；要着力提高政治执行力，经常同党中央精神对标对表，切实做到党中央提倡的坚决响应、党中央决定的坚决执行、党中央禁止的坚决不做，知责于心、担责于身、履责于行，敢于直面问题，不回避矛盾，不掩盖问题，出了问题敢于承担责任。

17 守土有责不动摇，守土担责不含糊，守土尽责不懈怠

初心如磐，使命在肩，初心和使命就是责任。习近平总书记指出："能否敢于负责、勇于担当，最能看出一个干部的党性和作风。"

身处什么位置，就要担当什么职责，而且职位越高，越需要担当。新时代，改革发展任务之重、矛盾风险挑战之多、治国理政考验之大前所未有，如果只想当官不想干事、只想揽权不想担责、只想出彩不想出力，就不配当领导干部。

领导就是服务，岗位就是责任。习近平总书记曾强调："组织上让我们当领导干部，就是派我们在这里站岗放哨，这叫守土有责。"做到守土有责，必须强化责任认知，做到知责明责。责任就是要承担应当承担的任务，完成应当完成的使命，做好应当做好的工作。职务就是责任，岗位就是责任。当前，尽管各项工作的环境、对象、范围、方式发生了很大变化，但我们服务群众的根本任务没有变。做到守土有责，就是要有责任重于泰山的意识，坚持党的原则第一、党的事业第一、人民利益第一，敢于旗帜鲜明，敢于较真碰硬，对工作任劳任怨、尽心竭力、善始善终、善作善成；就是要以"不破楼兰终不还"的韧劲拼劲，沉下心来、扑下身子，坚持问题导向，及时解决群众所急所忧所思所盼，把党中央各项决策部署抓实抓细抓落地；就是要有强烈的责任感，明白责任，敢于负责，保一方平安，强一方经济，富一方百姓。

千担当，万担当，不认真履责就是不担当。知责任千钧之重，担责任万分之实，离开责任谈担当无异于镜花水月，离开担当谈责任更是空中楼阁。守土担责就是要敢于负责、勇于担当。习近平总书记强调："我的执政理念，概括起来说就是：为人民服务，担当起该担当的责任。"领导干部是第一责任人、首要负责者，要始终牢记"担当"是使命，如果只食俸禄，不理政事，只坐位子，不担职责，就是当干部最大的失职；要把守土担责作为共产党人的不懈追求，自觉践责，积极履责而不敷衍塞责，以对党负责、对人民负责、对历史负责的精神，不断提高服务人民群众的能力；要牢记我们党肩负的实现中华民族伟大复兴的历史使命，勇于担当负责，直面风险挑战，以坚韧不拔的意志和无私无畏的勇气，战胜前进道路上的一切艰难险阻，踏平坎坷成大道。

责重千斤担，尽责万事轻。知责任者，大丈夫之始也；行责任者，大丈夫之终也。做到知责尽责，必须把工作当事业，把岗位当奉献，提升思想境界，锤炼过硬本领。守土尽责，要坚持人民至上，做到不因事大而难为、不因事小而不为、不因事多而忘为、不因事杂而错为，时时处处为社会、为人民尽心尽力、尽职尽责，为最广大人民的根本利益奋斗终身。责重山岳，能者方可当之。履职尽责仅有一腔热血是不够的，必须具备较高的素质和较强的能力，否则，就会心有余而力不足，要勤于学习，善于思考，立足本职岗位，积极锻炼才干，不断学习和掌握适应时代发展的新理念新知识新方法，切实提高工作本领和履职尽责的能力水平。

18　立身靠信，立业靠实力，立世靠才，立功靠拼

做什么样的人、怎样做人是人生永恒的课题。我国自古以来就强调"修身齐家治国平天下"，把修身做人作为建功立业、报效国家的根本前提。修身做人，最重要的就是修炼诚实守信的道德操

守、全面过硬的自身实力、聪明强干的能力本领、锐意进取的拼搏精神。

生命不可能在谎言中开出灿烂的花。立身，不是简单的安身立命，而是指持之以恒地加强自我修养。诚实守信是人的立身之本，是全部道德的基础。《论语》云："人而无信，不知其可也。"世无诚信不宁，国无诚信不稳，业无诚信不旺，家无诚信不和，民无诚信不立，官无诚信不忠。领导干部是执政行为的决策者和体现者，诚实守信，既是其道德品质的政治名片，也是一种必须拥有的政治资本。其诚信修养和诚信行为如何，不仅直接关系着他的领导力，而且会对社会公众具有强大的引领、示范和辐射作用。如果不讲诚信，不仅使自己信任丧失、信赖殆尽，更会极大影响党和政府公信力，败坏党风、政风、社会风气。

手里的实力可以胜过一万句求人的话。建功立业的唯一方法永远只有一个，那就是实力。俗话说，靠山山会倒，靠人人会跑。相信别人的语言，不如相信自己的实力，实力才是人一生最好的依靠。有实力的人，才会在遇到各种难题时不卑不亢、坚定坦荡，才能自食其力、自力更生，那份被实力韬养出的自信会展露在举手投足间。在足够的实力面前，任何意外都是不堪一击的，就像老虎不会因为松鼠的装神弄鬼而不淡定一样。花拳绣腿、虚张声势、歪门邪道，在真正的实力面前，无所遁形，不堪一击，有实力才能"敌军围困万千重，我自岿然不动"。可以说，有实力，才会有分量，才会有面子，才会有尊严，才会有业绩。领导干部不管是自身进步，还是工作进步，本质都要靠自身实力，用实力说话。

德为立身之本，才为处世之道。立世，即处世，具体讲就是待人接物，以一定的态度对待社会上的人和事。俗话说，方是做人脊梁，圆是处世锦囊。就是告诉我们，做人要堂堂正正，处世要圆润通透。而待人做事做到圆润通透，是需要一定的能力水平的。这个能力水平是认知、眼界、境界、情商、智商、能力等各方面的综合体现。才能突出的人，一般有较高的智商和情商，与之相交甘之若饴，从而往往具有和谐融洽的人际关系；一般都有较广的见识和能力，对事物有独到的见解，做起事来有条有理、从容不迫，也就更容易成功。领导工作涉及方方面面、各行各业，要作出成绩就更应该重视学好待人接物这门大学问，努力提高自己的综合素质。

当死亡没有来临，把能量发挥干净。这是诗人艾青的一句名言。一滴汗珠万粒粮，万粒汗珠谷满仓。任何收获永远和曾经的付出成正比。世界上从来没有不劳而获的事情，有付出才会有回报，停止了耕耘也就远离了收获，这是基本常识。同样，干事创业要想把事做成，要想取得成绩，唯有付出、唯有奋斗、唯有拼搏，正如习近平总书记所说："幸福都是奋斗出来的。"那些整天幻想着天上掉馅饼并砸到自己头上、梦想奇迹能够发生在自己身上而不努力奋斗的人，最终只会"竹篮打水一场空"。走上领导岗位，就要珍惜为党尽责、为民造福的时光，为着实现人民群众对更加美好生活的向往去担当、去努力、去拼搏，用自己奋斗的汗水换取人生不朽的价值。

19 把真理的力量和人格的力量统一起来，杜绝形式主义、官僚主义，实现信念上坚定不移、精神上斗志昂扬、行动上令行禁止

所谓真理的力量，是指人们通过认识和掌握事物发展的客观规律，朝着正确方向实践的能力。它看似无形，但一切有形的繁荣、发展、强大都因它而生，都离不开它的指引。所谓人格的力量，是指用自己的人格去影响人、说服人、感召人，从而赢得干部群众的信赖、拥护和支持，对领导干部而言，往往表现为强大的凝聚力和感染力，是领导力的重要来源。追求真理与人格力量统一，就是彰显感召力、带动力和影响力的过程。领导干部只有不断加强自身修养、改进作风，汲取真理的力量、提升人格的力量，才能实现在理想信念上坚定不移、在精神状态上斗志昂扬、在行动上令行禁止。

以真理的力量和人格的力量，为领导力把航指向、添光加彩。 习近平总书记指出，要深刻感悟马克思主义真理力量，为成长成才打下科学思想基础，"共产党人拥有人格力量，才能无愧于自己的称号，才能赢得人民赞誉"。真理的力量如果辅以人格的魅力，力量会成倍放大，相反，就是真理本身也会威信扫地。作为领导干部，必须以忠诚的政治品格坚持真理，以孜孜不倦的精神追求真理，自觉用习近平新时代中国特色社会主义思想武装头脑，才能在纷繁复杂的形势变化中始终坚持正确的前进方向和前进道路；拥有强大的人格力量，才能产生强大感召力，发出的号令才能一呼百应。领导干部只有把真理的力量和人格的力量相互贯通、统一起

来，才能形成坚强的领导力，才能赢得人民群众的支持和信任，才能带领人民群众在平凡岗位上创造非凡的业绩。

以求真务实之风吹散"官气"，力戒形式主义、官僚主义。习近平总书记强调："要把力戒形式主义、官僚主义作为重要任务。"邓小平同志强调："领导干部，特别是高级干部以身作则非常重要。群众对干部总是听其言、观其行的。"作风问题往往就是对党的形象带来致命损害、对事业发展和工作推进带来致命破坏的问题。优良的作风是保持良好形象、具有强大战斗力的重要法宝。党的干部作风好，就能出战斗力，党和人民就能同甘共苦，党的事业就能顺利发展；领导干部作风不好，就会消解战斗力，党和人民就会离心离德，党的事业就会地动山摇。领导干部要坚持实事求是的思想，做到带头转变工作作风，坚决反对形式主义、官僚主义，不断矫正工作方法，真正把心思用在干事业上，真心对群众负责，热心为群众服务；要自觉接受群众监督，始终保持党同人民群众的血肉联系，有效遏制形式主义和官僚主义的滋生蔓延；要坚持求真务实精神，让形式主义、官僚主义无所遁形，唯有求真务实之风长吹、常吹，才能把坏风气吹得烟消云散。

20　作风的改进，没有休止符；觉悟的提升，永远在路上

作风是形象，是观察党群干群关系、人心向背的晴雨表；觉悟是灵魂，看似无影无形，关键时刻就会明心见性，是检验党性的

"试金石"、阻遏私欲的"防火墙"。当干部要不断提高政治站位和政治觉悟，要带头树立和发扬好的作风，身体力行，以上率下，把践行"三严三实"贯穿于全部工作生活中，加强自律，养成自觉，做到洁身自好、清正廉明。

一刻不松、半步不退，全面从严治党永远在路上。回溯历史，红军好作风暖了百姓心，"苏区干部好作风"广为传唱，我们党赓续传承的优良作风，堪称一个百年大党的鲜明标识。优良作风就是共产党人的传家宝和制胜武器。作风就是战斗力。党的十八大以来，我们党以坚定决心、顽强意志、空前力度推进全面从严治党，党的革命性在锻造中更加坚强，党风政风焕然一新，政治生态日益清朗。但也要清醒地看到，全面从严治党还远未到大功告成的时候，一些老问题反弹回潮的因素依然存在，影响党的先进性、弱化党的纯洁性的因素无时不有，各种违背初心使命、动摇党的根基的危险无处不在。作风问题具有顽固性和反复性，形成优良作风不可能一劳永逸，克服不良作风也不可能一蹴而就。越是任务艰巨，越要保持清醒头脑和高度警觉。当干部要坚决捍卫来之不易的作风建设成果，一刻不能松、半步不能退，绝不让享乐主义和奢靡之风卷土重来，绝不让特权思想和特权现象盛行，要发扬钉钉子精神，一锤接着一锤敲，一个节点一个节点坚守，一个问题一个问题解决，不松劲、不停步、再出发，一刻不停歇地推动作风建设向纵深发展，将这张亮丽名片越擦越亮。

生命不息、觉悟不已，永葆共产党人政治本色。习近平总书记指出："党的领导干部必须讲觉悟、有觉悟。有了觉悟，觉悟高了，就能找到自己行为的准星。"觉悟是检验一个人思想品质的"试金石",有觉悟方能辨是非、明公私,有觉悟方能养正气、去邪气。领导干部的觉悟,并非自然而然产生的,也不能自然而然始终保鲜,必须在党性修养和党内生活锻炼中不断提高,在工作实践和斗争磨砺中不断坚定。觉悟是思想境界的提升,更是日常行为的积累。当干部要不断改造主观世界、加强党性修养、陶冶道德情操,在学思践悟中不断提高觉悟;要深入学习党章党规,深入学习习近平总书记系列重要讲话精神,不断增强"四个意识"、坚定"四个自信",做到"两个维护";要加强自律、慎独慎微,经常对照党章检查自己的言行,在自律自省中明辨公与私,不为名所累、不为利所困、不为情所惑,坚持公正用权、谨慎用权、依法用权,增强政治定力、纪律定力、道德定力、抵腐定力,注重自觉同特权思想和特权现象作斗争,注重自觉主动接受监督,老老实实做人,踏踏实实干事,清清白白为官。

21　当干部就要有担当,有多大担当就能干多大事业,尽多大责任才会有多大成就

知责任者,大丈夫之始也;行责任者,大丈夫之终也。担当就是责任,最能体现一个干部的党性和作风。敢于负责、勇于担当是好干部必须具备的基本素质。习近平总书记强调:"看一个领导干部,很重要的是看有没有责任感,有没有担当精神。"干部权力越

大、责任越重，越要弘扬担当精神，而越是担当尽责，取得的事业成就也就越大。

逆境顺境莫止境，大事难事要担当。"肩扛千斤谓之责，背负万石谓之任。"担当是责任的承接和使命的归结。习近平总书记强调，全党同志的重托，全国各族人民的期望，是对我们做好工作的巨大鼓舞，也是我们肩上的重大责任。这个重大责任，就是对民族的责任，对人民的责任，对党的责任。责任重于泰山，事业任重道远。我们一定夙夜在公，勤勉工作，努力向历史、向人民交出一份合格的答卷。党的十八大以来，以习近平同志为核心的党中央领导全党全国各族人民，取得举世瞩目的成就，解决了许多长期想解决而没有解决的难题，办成了许多过去想办而没有办成的大事，靠的就是强烈的责任心。担当是最大的忠诚，不担当，半点忠诚都没有。领导干部要知责、明责、履责、尽责，把党的初心、党的使命铭刻于心，把人生理想融入国家富强、民族振兴、人民幸福的伟业之中，恪尽职守，夙夜在公，爱岗敬业，只争朝夕，在岗一分钟、奋斗六十秒，用实际行动诠释对党的忠诚、对人民的赤诚，坚决摒弃一切得过且过、懒政怠政的消极行为。

以担当诠释忠诚，以作为彰显价值。党的干部总是与党和人民的事业紧紧连在一起。统筹推进"五位一体"总体布局、协调推进"四个全面"战略布局，贯彻落实新发展理念，实现"两个一百年"奋斗目标、实现中华民族伟大复兴的中国梦，都需要干部担当新使命、展现新作为。一代人有一代人的担当。新时代，领导干部要切实增强对党忠诚、为党分忧、为民造福的政治担当，增强"四个意识"、坚定"四个自信"、做到"两个维护",在党言党、在党忧党、在党为党,为党分忧、为党尽职、为民造福,为了党和人民的事业敢想、敢做、敢当;要切实增强时不我待、只争朝夕、勇立潮头的历史担当,以高昂的奋斗姿态、坚韧的拼搏意志、高超的斗争本领,知重负重、攻坚克难;要切实增强守土有责、守土负责、守土尽责的责任担当,在其位、谋其政,担其责、成其事,心无旁骛干工作,扛事顶硬抓落实,敢冲敢当破难题,以钉钉子精神做实做细做好各项工作。

22 在其位,就要谋其政;任其职,就要尽其责

古人说:"以苟活为羞,以避事为耻。"当前,我国正处于百年未有之大变局和改革发展的关键阶段,新情况、新问题层出不穷,新矛盾、新挑战大量涌现,需要我们去研究解决、有效应对。时代需要干事者、呼唤干事者,面向未来,我们必须强化"有位必须有为"的理念,提高干事创业的觉悟,争做改革发展的促进派、实干家。

君子素其位而行,不愿乎其外。"位"是岗位、平台,"在位谋政"是中华优秀传统文化的赓续传承。今日之中国,一切权力来自人民,有"位"就是要忠于人民,"谋政"就是要为满足人民美好生活需要而奋斗。"为官一任,造福一方"是应有追求。领导干部作为党和人民事业的骨干,手中的权力只能用来为人民服务、为群

众办事，如果不思进取，在其位而不谋其政，权力不用来为人民群众谋利益、谋福祉，就会影响干部风气，就会殃及地方发展，后果难以设想。谋政之要在于想群众之所想，急群众之所急，把群众的事当作自己的事，以实现人民对美好生活的向往为目标，提升保障和改善民生的能力和水平。谋政之实在于干出实效，对领导干部而言，岗位不仅是一种职业，更是一种事业，"干事"是领导干部的天职。习近平总书记指出："干部干部，干是当头的，既要想干愿干积极干，又要能干会干善于干。"领导干部要树立正确的政绩观，主动谋事、务实干事、勇于成事，自觉担负起党和人民赋予的时代重任，积极投身新时代中国特色社会主义伟大实践，干出经得起人民群众检验的成绩。

人而无责，于世何益。每个人都有自己的角色，每个角色都有自己的担当。"为官避事平生耻"，奋进新时代，就是要以对事业高度负责、对岗位高度尽责的精神，精神抖擞、满腔热情地投入事业。领导干部要有敢于尽责的勇气，敢担当、敢负责，不当鸵鸟，不做缩头乌龟，在应对重大挑战、抵御重大风险、克服重大阻力、解决重大矛盾中积极主动履职尽责；要有善于尽责的智慧，善于用战略思维、辩证思维、系统思维、创新思维、底线思维来观察和分析问题，不断地提升自身的综合素质和领导能力，做好改革发展稳定的各项工作，化解前进中的风险、矛盾和问题；要有勤于尽责的态度，秉承无私奉献的精神，不计较个人的名利、前途，以党的事业为重，以人民群众的利益为重，时刻体现共产党人应有的政治情怀，朝着共同富裕方向稳步前进。

23 无论任何时候，该做的事，要知责负重、攻坚克难，顶着压力也要干；该负的责，要挺身而出、冲锋在前，冒着风险也要担

责任和担当是领导干部讲党性的根本要求。党性，永远由责任来承载，由担当来体现。习近平总书记明确指出，抓落实，一把手是关键，要把责任扛在肩上，勇于挑最重的担子，敢于啃最硬的骨头，善于接最烫的山芋，把分管工作抓紧抓实、抓出成效。

从事一个岗位，便坚守一份责任。岗位就是责任。责任是赋予每个领导干部不可推卸的权利和义务。权力与责任是对等的，有多大的权力就要负多大的责任。如果只追求权力而不尽责任，必然导致不作为甚至乱作为，损害百姓利益、阻碍事业发展。领导干部肩负着组织的重托和人民的期望，如果自己始终高高在上，什么责都不愿担，遇事绕道走，不愿面对、不敢面对，那就永远做不好事，做不好人，更做不好官。领导干部要牢固树立"责任重于泰山"的思想和强烈的责任意识，把精力和情感倾注在事业和岗位上，敬责畏责、知责尽责；自己职责范围内的事，困难再大也敢上、矛盾再多也敢管、风险再高也敢闯，不推诿扯皮、不空喊口号，切实做到担责不误、临艰不却、履险不惧、受屈不计。

热爱一项工作，必肩挑一份担当。敢于担当是政治品格、从政本分，也是抓落实的重要保证。有了担当精神，抓落实才会自觉自愿、积极主动，才会尽心、尽力、尽责。如果仅仅满足于把规定的动作做到位、把既定的任务分下去、把该担的责任推出来，落实就

沦为了落空。只有荣誉和鲜花却不用担当的领导岗位是不存在的。领导干部的担当应该是平常时候看得出，关键时刻站得出，危难之时冲得出。现实中，有的干部只想当"太平官"，不想挑"重担子"，缺乏担当精神。在抓落实过程中，必然会遇到这样那样的困难和挑战，只有抱定"知其难而为之"挺身而出、"赴百仞之谷而不惧"冲锋在前，坚持勇挑千钧重担，才能将发展的痛点、难点、堵点变成工作的亮点、特点、闪光点。领导干部必须"敢"字当头，敢于直面问题，敢于动真碰硬，敢于涉险滩、闯难关、啃硬骨头，责任面前不推诿，矛盾面前不躲闪，挑战面前不畏惧，困难面前不退缩，在关键时刻和危急关头豁得出来、冲得上去；对工作落实中的难点、堵点和关节点，要敢于正视和面对，集中力量进行突破，确保"提一壶开一壶"。

24 "补位"体现的是担当精神、责任意识、大局观念，并非"占位""越位""抢位"

　　一个团队，如一台机器，在其中工作的人就是这台机器的零部件，不管哪一个零部件出了问题，都会影响整个机器的运转。出现了缺位，就要积极补位，否则就会坏事。补位，是衡量干部是否称职的一条重要标准。但补位不是干预插手、越俎代庖、包办代替，不当补位会导致角色冲突、班子不团结等问题，要防止职能错位。

　　相互补台，好戏连台；相互拆台，一起垮台。"一花独放不是

春，百花齐放春满园。"团队是荣辱与共、息息相关的整体。每个个体都是团队的一分子。大河水满小河流、众人拾柴火焰高，团队的事就是大家的事，成全别人就是成全自己，为别人"补位"就是为自己"补位"。隔岸观火、袖手旁观，各扫门前雪，事不关己高高挂起，最终只会一起遭殃。如果只打自己的小算盘，不顾大局、不负责、不担当，就会失去威信、失去领导的资格。对干部而言，补位意识须臾不可少。只要是工作需要、事业需要，就应当挺身而出，积极补位。在领导分工出现"空白"时，要适当补位；在突发事件应急处置时，要及时补位；在班子成员遇到困难寻求帮助时，要积极补位；在其他同志工作出现疏忽遗漏时，要巧妙补位；在工作中出现新情况、新问题无明确领导责任时，要主动补位。

按职能做事，按角色办事。岗位就是责任。在其位，谋其政。干工作首先要找准自己的定位、干好分内的工作。只有各就各位、各司其职、各尽其责、各显其能，各项任务才能圆满完成，整个社会才能有序运转。四面出击、大包大揽，往往顾此失彼、本末倒置。领导干部要厘清职责、理顺关系，聚焦主责主业，找准工作着力点和切入点，尽心尽力把本职工作做出色、做精彩；要牢记"角色定位"，恪守"角色边界"，分清"分内"和"分外"，守好"责任田"，种好"自留地"，不多事、不误事、不坏事；要总揽不包揽、放手不甩手、信任不放任，把主要精力放在提出问题、分析形势、作出决策、分配任务上，放权授权，赋能下属，同时加强过程把控、全程参与、深度介入、严格监督，充分调动每个人的主观能动性。

第二篇

明事理
要有不忘初心 执政为民的价值观

25 问题是时代的声音，民心是最大的政治

明代张居正曾说："治理之道，莫要于安民；安民之道，在于察其疾苦。"要实现政治清明、社会稳定、群众安居乐业，最需要的就是解决好群众关注的问题和切身的困难。正如习近平总书记所指出，推进党和国家各项工作，必须坚持问题导向，倾听人民呼声，我们的目标越伟大，我们的使命越艰巨，就越需要所有人拧成一股绳去干事创业。只要我们真正把握好发展问题的症结所在，只要我们把民众的疾苦了解到、处理好，我们就能吸引和凝聚起千百万大众，汇聚起建设国家、复兴民族的强大力量。

人民就是江山，江山就是人民。民为邦本，本固邦宁。我们党的最大政治优势是密切联系群众，执政后的最大危险是脱离群众。密切联系群众是我们党的力量之源、执政之基，一旦脱离群众，就会动摇根基、断裂血脉、失去生命力，成为无源之水、无本之木。我们党来自人民、植根人民、服务人民，党从诞生到发展壮大的光辉历史，就是一部来自群众、植根群众、依靠群众、

发动群众、为了群众、服务群众的生动历史。领导干部要把人民群众放在心中最高位置，任何时候任何情况下，全心全意为人民服务的宗旨不能忘，与人民同呼吸、共命运、心连心的立场不能变，群众是真正英雄的唯物主义观点不能丢，坚持人民主体地位不动摇。

民心凝聚民力，民生连着民心。民生问题是执政党最大的现实政治问题。民生问题不仅是重要的经济问题、社会问题，也是重大政治问题。尽管立党为公、执政为民在不同的历史阶段侧重点会有所不同，改善民生的要求也会有所不同，但保障和改善民生始终是事关改革发展稳定大局的核心问题。当前，外部的干扰一波胜过一波，考验一浪高过一浪，领导干部必须赢得人民群众的高度信赖、真诚拥护、倾力支持，获得始终立于不败之地的政治优势，才能在事业上无往而不胜。领导干部要坚持把人民群众的利益放在第一位，紧盯亟待解决的民生难题，从"宏观"到"微观"不断改善民生，才能在新时期继续保持和体现先进性，获得执政合法性的不竭源泉。

群众利益无小事，处处留心皆民生。习近平总书记强调："我们的目标很宏伟，但也很朴素，归根结底就是让全体中国人都过上更好的日子。"我们党推动经济社会发展，归根到底是为了不断满足人民群众对美好生活的需要。"去民之患，如除腹心之疾。"赢得民心、改善民生，一个重要的方法就是坚持问题导向，从最困难的群众入手，从最突出的问题抓起，从最现实的利益出发，实现党和政府提供的民生清单与群众的现实需求无缝对接。要用心用情用力解决好就业、就医、就学、出行、住房、办证等群众"急难愁盼"问题，推动改革发展成果更多更公平惠及全体人民，推动共同富裕取得更为明显的实质性进展，与群众分享高质量发展成果、共享高品质幸福生活，凝聚成推动伟大复兴的磅礴力量。

26 没有一种根基比扎根于人民更坚实，没有一种力量比从人民群众中汲取更强大，没有一种执政资源比赢得民意更珍贵

人民群众是历史的主体，是历史演进的"剧中人"，又是历史过程的"剧作者"，没有人民群众的创造活动，历史的画卷亦无法展开。一个政党的发展、一个国家的强盛，必须依靠人民群众的发展创造。我们党不断地将人民的智慧提炼升华，人民的智慧不断地书写改造中国、创造历史、发展社会主义的新乐章。

党的根基在人民、血脉在人民。"人民"二字，写起来容易，只有七笔；说起来轻巧，都是平声。可在中国共产党人的心中，人民的地位高于天，分量重如山。在长期的奋斗实践中，党同人民群众建立了鱼水般的密切关系，形成了"一切为了群众，一切依靠群众，从群众中来，到群众中去"的群众路线。我们党来自人民、植根人民、服务人民，党的力量在人民，人民是我们党最大的靠山，必须真心实意依靠人民群众。领导干部必须坚持马克思主义群众观，始终与人民群众同呼吸共命运、始终同人民群众保持血肉

联系，才能不断发展壮大，才能战胜一切艰难险阻、从胜利走向胜利。

民力是天下无敌之力。南宋丞相崔与之曾说，"人谋合处天心顺，民力宽时国势张"。人民群众是社会物质财富和社会精神财富的创造者、拥有者和评判者，任何社会发展都要经过人民群众实践的检验，否则就会被淘汰，被扔进历史的垃圾堆。人民群众是社会变革的决定力量和主导者，改革开放的成功，靠的不是本本，是实事求是，是人民群众发挥了巨大的推动作用。历史实践表明，任何一项伟大事业的成功，都离不开人民，人民是事业成功的根基，只有从人民中聚集力量，才能推动各项事业的发展。要实现中华民族伟大复兴，就必须始终把人民的拥护和支持作为力量源泉，不断带领人民创造新的辉煌。

民心所向，胜之所往。古人说："民之所欲，天必从之。"要获得民意这个最大的执政资源，就要始终从人民群众最关心、最直接、最现实的利益权益问题入手，真心实意为群众谋利益，扎扎实实为群众办实事、办好事，使人民生活更加充实、更有保障、更可持续；就要坚持不懈地解决人民厌恶与痛恨的问题，就要以人民的评判为改进工作的标准，检验我们工作做得对不对，思考问题全不全，群策群力把工作做实、把事办好；就要把党联系群众的基本渠道铺好用好，从群众中汲取智慧和力量，始终与人民想在一起、干在一起、凝聚在一起，争取群众最大程度的理解、认同、拥护，使我们党强基固本、永葆长盛不衰的青春活力。

27 永远坚定人民立场，永远保持人民情怀，永远追求人民满意

自古以来，得民心者得天下，人心向背是决定一个政党、一个政权盛衰的关键因素。习近平总书记强调，党的根基在人民，我们党来自人民，为人民而生，因人民而兴，必须始终与人民心心相印、与人民同甘共苦、与人民团结奋斗。中国共产党的百年历史证明：党的发展、壮大离不开人民群众的支持和拥护，人民群众是中国共产党最坚定的依靠力量。

坚定人民立场，一切为了人民。习近平总书记强调："人民立场是中国共产党的根本政治立场，是马克思主义政党区别于其他政党的显著标志。"在党的十九大报告中，习近平总书记多次提到人民，人民是我们党生存发展的根本。进入新时代，人民群众的生活发生了翻天覆地的变化，要求领导干部始终把人民放在心中最高的位置。人民群众中蕴藏着治国理政、管党治党的智慧和力量，必须自觉拜人民为师，坚持以人民为中心，把人民满意作为根本标准，向能者求教，向智者问策，做到取之于民、用之于民。

保持人民情怀，为了一切人民。习近平总书记强调："人民是创造历史的动力，我们共产党人任何时候都不要忘记这个历史唯物主义最基本的道理。"在党的十九大报告中进一步强调"坚持以人民为中心"基本方略，提出"人民对美好生活的向往"是中国共产党的奋斗目标，领导干部心中有没有人民至高无上的地位、有没有至真至纯的百姓情怀，决定着中国共产党根基的牢固程度、坚强程

度。党在自己的工作中实行群众路线，把党的正确主张变为群众的自觉行动，共产党人必须要与人民群众保持血肉联系，永远不能忘记"人民群众是真正的英雄"。

追求人民满意，为了人民的一切。我们党从诞生之日起，就把坚持"人民利益高于一切"鲜明地写在自己的旗帜上、融入自己的全部奋斗实践。党的七大就正式把"全心全意为人民服务"作为党的根本宗旨写进党章的总纲，要求"每一个党员都必须用心倾听人民群众的呼声和了解他们的迫切需要，并帮助他们组织起来，为实现他们的需要而斗争"。领导干部要始终坚持人民利益高于一切，紧紧依靠人民，尊重人民首创精神，最广泛动员和组织人民投身到党领导的伟大事业中来，把人民拥护不拥护、赞成不赞成、高兴不高兴、答应不答应作为衡量一切工作得失的根本标准。

28 公私是一把尺，丈量境界高下；也是一杆秤，称出格局大小

东汉时冀州刺史苏章宴请被检举的老友。宴罢，便正襟危坐："今夕苏孺文与故人饮者，私恩也；明日冀州刺史案事者，公法也。"第二天，他公事公办，果将老友治罪。从古至今，公私分明一直是为官从政、严以律己的重要标准。既保持"内不愧心，外不负俗"的本分，也达到"大明无偏照，至公无私亲"的公允，更追求"治官事则不营私家，在公家则不言货利"的清明，才能直面公

与私，做到问心无愧。

大贤秉高鉴，公烛无私光。"一心可以丧邦，一心可以兴邦，只在公私之间尔。"在共产党人的世界里，公与私的界线更为清晰。立党为公，执政为民，除了最广大人民群众的根本利益，没有任何的私利私求可言。划清公与私的界限，正确处理公与私的关系，是领导干部党性修养的基本功。领导干部要时刻把党和人民的利益放在第一位，"一碗水端平"，不能夹杂任何个人私利。当个人利益与党和人民的利益发生矛盾时，个人利益必须无条件服从党和人民的利益。做到不计得失、不谋私利，涵养无私的大胸怀；坚持夙夜在公、勤勉工作，涵养无私的大格局。

事事出于公心，才能坦荡做人。毛泽东同志曾为自己定下"待亲三原则"：恋亲，但不为亲徇私；念旧，但不为旧谋利；济亲，但不以公济私。作为领导干部，应坚守从政为公的底线，把为人民服务作为自己的人生信条，有所行，有所止；有所为，有所戒，才能不为私欲所动，不为私情所困，不为私利所惑。只有一心为公，事事出于公心，才能有正确的是非观、义利观、权力观、事业观，才能把群众装在心里，才能坦荡做人、谨慎用权，才能光明正大、堂堂正正。

公私一念间，荣辱两世界。无数事例启示我们，做党的好干部，就要先公后私、公而忘私，学会常用"公与私"这杆秤称一称言行，善用"公与私"这把尺子量一量举止。公私分明是基本操守，公而忘私是崇高境界。私字大了，党性就弱了；公字小了，杂念就多了。对于领导干部来说，私心乃百病之根，因为私心膨胀，公私天平就会倾斜，党性原则就会丧失，甚至忘乎所以、为所欲为。须知，"贪不在多，一二非分钱，便如千百万"。贪一分钱财，就降低一分威信；谋一次私利，就失去一片人心。领导干部都应时刻牢记"公权为民，一丝一毫都不能私用"的谆谆教诲，始终把牢"慎小事、重小节、管小处"的行为底线，立身不忘做人之本，为政不移公仆之心，用权不谋一己之私。

29 应当有"天下兴亡，匹夫有责"的家国情怀，应当有"计利当计天下利"的价值追求，应当有"苟利国家生死以"的雄心壮志

习近平总书记指出："爱国，是人世间最深层、最持久的情感，是一个人立德之源、立功之本。"有家国情怀的人，必定会精忠报国，"先天下之忧而忧，后天下之乐而乐"。新时代，面对坚持和发展中国特色社会主义的艰巨任务，肩负实现中华民族伟大复兴的时代使命，更加需要高举爱国主义伟大旗帜。

何惜百死，只为报国。民国时期国学大师梁启超有感于国家衰败，感叹道："斯乃真顾亭林所谓'天下兴亡，匹夫有责'也。"从历史到现实，中华民族历来崇尚家国大义，"小家"与"大国"同声相应、紧密相连，家国是华夏儿女的精神原乡，家国情怀是对国家和人民所表现出来的深情大爱。时代在变化，中华儿女家国情怀的深情大爱从未改变。领导干部要涵养深沉的家国情怀，以身许党许国、以身报党报国，自觉把个人前途同国家命运、个人追求同国

家发展联系在一起，爱党爱国、艰苦奋斗、勇担重任、无私奉献，做一名合格的社会主义建设者和接班人，用实干精神谱写无愧于时代的新篇章。

心怀大义，惠泽天下。《墨子·兼爱》中指出，"仁人之所以为事者，必兴天下之利，除去天下之害，以此为事者也"，简意之，为天下兴利除害是处理事务的基本原则。习近平总书记强调，"与天下同利者，天下持之；擅天下之利者，天下谋之"，我们党没有自己特殊的利益，党在任何时候都把群众利益放在第一位。100多年来，中国共产党坚守为人民谋幸福的初心使命，展现出计利天下的深广胸怀。领导干部要坚持以人民至上的价值理念为中国人民谋幸福，始终"计利天下"，时时想到国家，处处想到人民，做到"利于国者爱之，害于国者恶之"。坚持一切为了人民，一切紧紧依靠人民，做到与人民和合共生，命运与共。

不问东西，无愧芳华。实现中华民族伟大复兴，领导干部应当有"苟利国家生死以，岂因祸福避趋之""为有牺牲多壮志，敢教日月换新天"的雄心壮志。领导干部只有坚持涵养爱国之情、砥砺强国之志、实践爱国之行相统一，将爱国心化为报国行，撸起袖子加油干，才能聚合起兴邦的磅礴伟力。领导干部要立足岗位干好本职工作，在一言一行、点点滴滴中将个人梦融入中国梦，尽职尽责做好每一项工作，尽善尽美完成每一项任务，做到把雄心万丈、豪情壮志融入国家改革发展的伟大事业，融入人民创造历史的伟大奋斗，融入全面建设社会主义现代化国家伟大新征程，为实现第二个百年奋斗目标、实现中华民族伟大复兴的中国梦贡献智慧和力量。

30 实现与奉献是一体两面，甚至就是一体一面；实现自我就是奉献社会，奉献社会就是实现自我

实现自我和奉献社会是人生最重要的价值。实现自我的人，会不断修炼自我、提升自我，能够表现出不断完善自我的奋进精神和向上向善的本性，可以更好地奉献社会。拥有奉献精神的人，随时都充满着正能量，拥有一颗毫不为己、专门为人的赤子之心，也是实现自我价值的重要途径。因此可以说，实现自我与奉献社会是一枚硬币的两面，二者是一个统一体。

实现自我的价值在于社会效应。自我实现是指个体的各种才能和潜能在适宜的社会环境中得以充分发挥，实现个人理想和抱负的过程，亦指个体身心潜能得到充分发挥的境界，也是个体对追求未来最高成就的人格倾向性，是人的最高层次的需要。柏拉图说过："人是寻求意义的动物。"人生就好比一座富矿，有待于自身去开采。一个人的价值实现在于他所带来的社会效益。一个人自我价值的实现，是基于在特定环境和工作环境中，不断培养自强不息的进取精神、敢为人先的创新意识、不断超越的求索作风。

生命的最高意义在于奉献社会。奉献，是一种真诚自愿的付出行为，是一种纯洁高尚的精神境界。习近平总书记强调："我们共产党人讲奉献，就要有一颗为党为人民矢志奋斗的心，有了这颗心，就会'痛并快乐着'，再怎么艰苦也是美的，再怎么付出也是甜的，就不会患得患失。这才是符合党和人民要求的大奉献。"奉献是党员自我发展的动力源泉，是党为人民服务的执政根基。领导

干部一定要学做吃苦耐劳、甘于奉献的"老黄牛"，保持干事创业、开拓进取的精气神，奉献在岗位、奉献为人民，努力在本职岗位上有所作为、大有作为。

奉献的情怀最动人，奉献的价值最可贵。歌德说过，"你若喜爱自己的价值，你就得给世界创造价值"。人一辈子的价值体现不在于享乐多少，而在于对社会的进步作出了什么样的贡献；一个干部的价值体现不在于当了多大的官，而在于为群众做了什么事，得到了群众什么样的评价。领导干部的一生，不仅是实现个人理想、展现个人抱负的过程，更是为党和人民创造价值、奉献自我的过程，只有在有限的生命里创造出与自己能力相称的价值，才是给自己人生的最好答卷。领导干部要明确自己的价值所在，心系万家灯火、情牵百姓忧乐，为群众办好事、办实事，不断在干事中实现人生意义、绽放生命华彩。

31 促一方发展、保一方平安、正一方风气，这才是当领导干部的真正意义与价值所在

领导干部：一是"领"，就是要带领；二是"导"，就是要引导；三是"干"，就是要干事；四是"部"，就是要部署。字面理解并不复杂，做起来却是千差万别。领导干部是党的中坚力量，肩负着党和人民的期待重托，承担着中华民族伟大复兴的历史使命。因此，必须发挥好"领头雁"作用，真正做到信念过硬、政治过硬、责任

过硬、能力过硬、作风过硬，才能真正促发展、保平安、正风气。

人民的期盼就是一方发展的指南针，以造福人民为最大政绩。习近平总书记强调，进入新发展阶段、贯彻新发展理念、构建新发展格局，是由我国经济社会发展的理论逻辑、历史逻辑、现实逻辑决定的。发展是解决当代中国一切问题的总钥匙，是推动中国社会前行的总动力。作为党执政兴国的第一要务，发展就是要靠领导干部这个"关键少数"来推动。因此，领导干部必须牢牢把握发展这一核心问题，坚持以人民为中心的发展思想，坚持发展为了人民、发展依靠人民、发展成果由人民共享，在经济发展基础上不断增强人民群众的幸福指数，推动高质量的发展。

治政之要在于安民，社会安定人民才能安宁。习近平总书记强调："建设更高水平的平安中国意义重大。"平安是人民幸福安康的基本要求，是改革发展的基本前提。让民众享有一个安全稳定的生存生活环境，是治国理政的重要目标。平安建设是保障广大人民群众安居乐业的德政工程、惠民工程。深化平安建设是摆在每一位领导干部面前的重大课题。面对新形势、新任务、新目标，领导干部必须牢固树立"大平安"理念，不断提高强烈的忧患意识，常打"预防针"，常敲"底线钟"，善于把社会治理效能转化为人民群众对社会治理能力的满意度和获得感，让人民安居乐业，社会安定有序，不断提高人民群众的安全感。

空气不好伤身体，风气不好伤民心。风气正则民心顺，民心顺则事业兴。习近平总书记强调，领导干部要做良好风气的模范和推动者。所谓"清风起松海，正气贯重山"。党风正则政风民风正，党风一头挑着政风，一头挑着民风。党风决定政风、民风。优良党风不仅事关党的形象，更是推动各项事业发展的有力保障。端正领导干部的作风，树立良好形象，是增强凝聚力和战斗力、保证事业成功的必然要求。领导干部要做好风气的"风向标"，充分发挥表率作用，以身作则、率先垂范，以优良党风凝聚党心民心，切实推动政风民风向好向上。

32 老百姓是天，老百姓是地，永远以百姓心为心

习近平总书记指出，历史充分证明，人心向背关系党的生死存亡。赢得人民支持，党就能够克服任何困难，就能够无往而不胜。共产党人的最高利益和核心价值是全心全意为人民服务、诚心诚意为人民谋幸福。领导干部要心系百姓，想百姓之所想，急百姓之所急，做到坚持人民至上、牢牢根植人民、紧紧依靠人民、不断造福人民。

政之所兴在顺民心，政之所废在逆民心。水能载舟，亦能覆舟。人民群众是创造历史的动力，是推动社会发展的决定力量。纵观中国历史，每个王朝从建立到强盛再到衰败，以无可辩驳的事实证明：一个政权的命运，不是由统治者掌控，而是由民心来决定。得民心者得天下，失民心者丢江山，这是一个亘古不变的真理。有了人民群众的支持，事业就能够顺利发展；反之，脱离群众，甚至背离群众，损害群众的利益，就无法赢得民心，就会走向衰亡。想要摆脱"历史周期率"，就要正确认识人民群众的地位和作用，始

终和人民同心同德、同向同行。

唯有不忘初心，方可赢得民心。人民立场是中国共产党的根本政治立场。"衙斋卧听萧萧竹，疑是民间疾苦声"，知民心，懂民艰，历来是中华民族的政治基因。中国共产党100多年栉风沐雨、苦难辉煌，从一个胜利走向另一个胜利，靠的就是始终把"人民"镌刻在自己的旗帜上。全心全意为人民服务，这是中国共产党的根本宗旨，也是我们党始终得到人民拥护和爱戴的原因。一旦脱离了这个根本，我们党的生存和发展就会失去根基、无所依托。习近平总书记指出，"始终把人民放在心中最高位置"，"坚持一切为了人民、一切依靠人民，为人民过上更加美好生活而矢志奋斗"。密切联系群众，同人民想在一起、干在一起，是践行党的群众路线的必然要求。领导干部必须大力弘扬党的优良传统，保持党密切联系群众这一最大政治优势，深入群众、扑下身子、挑起担子，与群众面对面，零距离了解人民群众最关心最直接最现实的利益问题，真心拜人民为师，在向能者请教、向智者问策中增长政治智慧、增强执政本领、提高领导艺术，在联系群众、服务群众中守初心、担使命。

33 既要坚持做到"以百姓之心为心"，又要时刻保持 "咬定青山不放松，立根原在破岩中"矢志奋斗的恒心

"为政之道，以顺民心为本，以厚民生为本。"心中忘记了人民，

行为脱离了人民，我们党就会成为无源之水、无本之木，就会一事无成。领导干部无论处于什么职位，身在什么岗位，都不能忘记为了谁、依靠谁、我是谁，不仅要坚持以人民为中心的根本立场，而且要把人民对美好生活的向往作为我们的奋斗目标，心中常思百姓疾苦，脑中常谋富民之策，使我们得到人民群众的信任和拥护，使我们的事业始终拥有不竭的力量和源泉。

天视自我民视，天听自我民听。习近平总书记强调："共产党就是为人民谋幸福的，人民群众什么方面感觉不幸福、不快乐、不满意，我们就在哪方面下功夫，千方百计为群众排忧解难。"全心全意不能只停留在口头上、止步于思想环节，必须体现在为人民服务的具体实践中，具体落实为听民音、达民意、厚民生。领导干部要坚持把人民群众关心的事当作自己的大事，从人民群众关心的事情做起，从让人民群众满意的事情做起，多谋民生之利，多解民生之忧，在幼有所育、学有所教、劳有所得、病有所医、老有所养、住有所居、弱有所扶上不断取得新进展，让人民群众看到变化、得到实惠、增进福祉。

不负人民期待，不负时代召唤。幸福都是奋斗出来的，实现中华民族伟大复兴，创造中国人民美好生活，更需要长期奋斗、艰辛奋斗、共同奋斗。我们的党自诞生以来，无论革命、建设、改革，一切奋斗的根本目的，都是为了让人民过上好日子。中国特色社会主义进入新时代，我国社会主要矛盾已经转化为人民日益增长的美好生活需要和不平衡不充分的发展之间的矛盾。面对人民过上更好生活的新期待，领导干部不能有丝毫自满和懈怠，要始终同群众同甘共苦、矢志奋斗，不断满足人民日益增长的美好生活需要，不断促进社会公平正义，不断促进人的全面发展、全体人民共同富裕；要永远保持对人民的赤子之心，把增进人民福祉、保障人民当家作主、促进人的全面发展作为发展的出发点和落脚点，坚持以人民为中心的发展思想，始终同人民想在一起，干在一起，以人民忧乐为忧乐，以人民甘苦为甘苦，努力为人民创造更美好、更幸福的生活。

34 千计万计，群众路线是第一计；千难万难，问计群众就不难

习近平总书记强调："不论过去、现在和将来，我们都要坚持一切为了群众，一切依靠群众，从群众中来，到群众中去，把党的正确主张变为群众的自觉行动，把群众路线贯彻到治国理政全部活动之中。"历史和实践证明，我们党是在同人民群众的密切联系中成长、发展、壮大起来的。立足新发展阶段，推动社会主义现代化建设不断前进，任重道远，更需要坚持走好群众路线，从人民伟大实践中汲取智慧和力量。

依靠群众撼山易，脱离群众搬砖难。党的群众路线是保持党的先进性和纯洁性、巩固党的执政基础和执政地位的必然要求。人民群众是我们战胜一切困难的力量源泉，当今世界正经历百年未有之大变局，我们面临的机遇和挑战前所未有，只有依靠群众，才能在理论上把握正确的原则，在行动上坚持正确的方向。要相信人民群

众的智慧和创造力，坚持人民群众当家作主和尊重人民群众历史主体地位，坚信人民群众具有建设国家、管理国家的积极性、能动性和创造性。只有尊重群众、相信群众、依靠群众，才能更好地开启社会主义现代化国家新征程，才能增强党和国家在各项发展改革任务中的蓬勃活力。

人的力量靠五谷，干部的力量靠群众。习近平总书记指出，群众是真正的英雄，人民群众是我们力量的源泉。实践证明，一切伟大的奇迹都是人民群众奋斗、创新的结果。正是我们党紧紧依靠人民，充分尊重人民首创精神，鼓励人民群众进行开创性探索，把蕴藏在人民群众中的无穷智慧和力量充分激发出来，才创造了令世界惊叹的"中国奇迹"。领导干部要坚持从群众中来，到群众中去，将群众的意见集中起来形成党的决策，又到群众中去作宣传解释，化为群众的意见，使群众坚持下去，并在群众行动中考验这些意见是否正确，保证我们党的路线方针政策和全部工作更好地体现人民群众的利益；要加强对群众的思想、道德和能力的培养，唤醒群众力量，将这股力量凝聚起来、发展壮大，夯实执政根基；要始终紧紧依靠人民群众，全心全意为人民谋利益，从人民群众中汲取前进的不竭力量，战胜各种困难和风险。

脚入三尺泥土，方知民心温度。"知屋漏者在宇下，知政失者在草野。"治国理政，虚心听取群众意见，才能使党的政策合民意、暖人心、有效果。领导干部要学会换位思考，尊重群众意愿，真诚倾听群众呼声，把人民满意作为标准，依靠人民的认同来修正前进的路线；要时刻把群众安危冷暖放在心上，及时准确了解群众所思、所盼、所忧、所急，作决策、定政策时尊重群众愿望、体会群众感受、维护群众利益，使决策符合民意，让决策和群众呼声相统一，实现决策与群众意愿应节合拍、同心向力，做到"民有所呼，我有所应"。

35 时刻铭记组织培育恩情，珍惜工作岗位，珍惜组织信任，不负群众期待，勇于担当作为

习近平总书记指出，有一颗感恩的心很重要，所有的人都要有感恩的心。任何一名领导干部拥有干事创业的舞台，都是组织长期教育培养、选拔使用的结果，没有组织给舞台，即使本事再大，也难以施展。所以要始终心怀感恩，珍惜工作岗位、珍惜组织信任、珍惜群众信任，更要把这种感恩转化为切切实实的工作动力和工作成绩，主动担当、积极作为、不懈奋斗。

个人对组织讲服从，组织对个人讲负责。党的干部就应姓党，任何时候任何情况下，都要相信组织、依靠组织、服从组织、维护组织，这也是起码的政治纪律和政治规矩。应常思组织给予与个人付出之差距，群众期盼与个人努力之差距，自己与他人之差距。不能因为做了一点事，就向组织伸手；不能受了一点委屈，就抱怨组织；更不能在顺境时讲感恩，逆境时就牢骚满腹。事实上，干部干了什么，干成了什么，群众口碑怎么样，组织上有一本账。可能有的人靠投机钻营得到一时之快，但终究是走不远的；老实人、埋头

干事的人，可能一时吃亏，但终究是不会吃亏的。

当群众信赖的主心骨，做组织放心的担当人。习近平总书记多次告诫领导干部要以"只争朝夕"的精神，倍加珍惜在位的时间，充分利用这有限的时间，多为群众办实事、办好事。岗位是干工作的平台，是承担工作责任的地点。珍惜岗位是一条实现自我人生价值的必经之路。领导干部所在的工作岗位不同，但都是服务社会、奉献社会的机会和平台。要自觉摒弃"当一天和尚撞一天钟"的庸官思想，摒弃"戳一下动一下"的懒官思想，少发"英雄无用武之地"的牢骚，把岗位看作为党的事业奉献的机会，当作为人民服务的机会，倍加珍惜在位时，以工作岗位为平台展现自己的才华，实现自身价值的提升，把高质量的要求贯穿在岗位要求的各项职责中，真正尽职尽责，有所建树。

群众的信任，就是干部的幸福。习近平总书记曾强调："一个党员，如果与群众的距离远了，就与党拉开了距离；心中没有群众，就不配再做共产党员。"对领导干部而言，群众的信任是履职的前提和基本，是多少金钱都换不来的无价之宝。有了群众信任，开展工作也会事半功倍，是领导干部的幸福。如果德不配位，才不配位，漠视群众需求和疾苦，就会丢掉党和政府的公信力，也会失去来之不易的群众信任，最终只会被历史和人民所抛弃。只有始终保持公仆心态，勤政务实，作出政绩，才会被群众所认可。领导干部要始终铭记权力由人民所赋予，始终以如履薄冰的心态对待权力，以从一而终的感情对待群众，以闻过则喜的态度对待工作，时时刻刻在心里装着群众、想着群众、为着群众，以实干立信、以亲民立信、以公正立信，多攻改革之坚、多谋民生之利、多解民生之忧，让老百姓切实感受到发展变化。

36 少做"击鼓传花"的二传手，多当摧城拔寨的先锋官，带着感情和智慧解决好人民群众最关心、最直接、最现实的利益问题，做到以真心换民心，以无私赢口碑

清代纪晓岚在《阅微草堂笔记》中讲述了一个故事：一位官员死后到冥府报到，声称自己所到之处只饮一杯清水，虽无功亦无过。阎罗王却斥责道："如果不图钱物就算好官，那么在公堂上设立一个木头人，岂不更好？"这个故事引人深思：所谓好官，不应是无所作为、转递责任的"清"，而应是敢于担当、勇于任事的"实"。当下，有的领导干部面对困难就"躲"，面对问题就"推"，面对责任就"滑"，一些矛盾、问题和困难就被"传来""传去"，由小变大。

群众利益无小事，民生问题大于天。民生是人民幸福之基、社会和谐之本。党源自人民，扎根于人民，为人民幸福而幸福，人民问题始终是党和国家最关心最注意的问题。"全心全意为人民服务"是党的根本宗旨，也是衡量一个党员干部是否合格的基本标尺。领导干部要把为人民服务作为自己工作的终极使命，深刻认识到自身的职责和任务所在，始终带着感情来思考问题、推进工作。

没有两把刷子，就要被群众测。领导干部不仅要有想为敢为的勇气，还要有能为善为的能力。能力强了，为民造福就有"招"，

解忧就有"门"；能力弱了，人民的幸福就难以实现，解难就没有希望。领导干部要做善于发现和解决问题的"啄木鸟"型干部，牢固树立"发现问题是本事、解决问题是水平"的观念，从群众身边的小事、急事、难事入手，寻找群众的痛点、难点、堵点，做到在矛盾困难面前不低头、不退缩、不推诿，敢于迎难而上，积极破解工作中遇到的难题。

将革命进行到底，为人民服务终身。为民服务只有进行时，没有完成时。不同的时代、时期，我们的工作内容是不同的，群众的需求也是不同的，老问题不断得到解决，新问题不断涌现，永远不可能毕其功于一役；为民服务永远在路上，没有休止符。领导干部要秉持"民有所呼，我有所应"的承诺，把改进工作作风、提高办事效率、提升服务质量摆在突出位置，并付诸行动，努力做到对群众身边的问题"马上就办、真抓实干"。既要做让人民群众看得见、摸得着、得实惠的实事，也要做为后人作铺垫、打基础、利长远的好事，既要作显绩，也要作潜绩，多为群众办实事、办好事，把为民务实清廉的价值追求落到实处，用实实在在的成绩为党尽职，为民造福。

37 为人民谋幸福、为民族谋复兴、为世界谋大同，需要进行具有许多新的历史特点的伟大斗争，需要把历经风雨见彩虹的"行动哲学"贯彻始终，坚持不懈

"行动哲学"强调行动的重要性，目标再伟大，如果不去落实，

永远只能是空想。习近平总书记强调："我们党要团结带领人民有效应对重大挑战、抵御重大风险、克服重大阻力、解决重大矛盾，必须进行具有许多新的历史特点的伟大斗争，任何贪图享受、消极懈怠、回避矛盾的思想和行为都是错误的。"百年党史，就是一部艰苦卓绝的斗争史、一部矢志不移的奋斗史。进入新时代，只有认清职责使命，勇于担当负责，保持斗争精神，敢于直面风险挑战，才能战胜前进道路上的一切艰难险阻，真正为人民谋幸福、为民族谋复兴、为世界谋大同。

犯其至难，方能图其至远。习近平总书记指出："我们党诞生于国家内忧外患、民族危难之时，一出生就铭刻着斗争的烙印，一路走来就是在斗争中求得生存、获得发展、赢得胜利。"昨天的成功并不代表着今后能够永远成功，过去的辉煌并不意味着未来可以永远辉煌。要实现人民幸福、国家富强、世界和平，必须保持革命精神、革命斗志，决不能因为成就而懈怠，决不能因为困难而退缩。面对世界百年未有之大变局，领导干部要自觉投身严格的思想淬炼、政治历练、实践锻炼，敢于斗争、善于斗争，在复杂严峻的斗争中经风雨、见世面、壮筋骨，真正锻造成为烈火真金。

行动源于思想，担当引领未来。习近平总书记指出："新征程上，不可能都是平坦的大道，我们将会面对许多重大挑战、重大风险、重大阻力、重大矛盾，领导干部必须有强烈的担当精神。"想不想担当、愿不愿作为，既是党员、干部事业心和责任感的直观反映，更是其党性觉悟的具体体现。领导干部只有坚定共产主义远大理想和中国特色社会主义共同理想，锤炼党性品格、焕发担当精神，着力解决好"不想为""不敢为""不会为"的问题，才能以"不用扬鞭自奋蹄"的高度自觉，坚定改革开放再出发的信心和决心，作出无愧于时代、无愧于人民、无愧于历史的业绩。

路漫漫其修远兮，唯有上下而求索。"志之所趋，无远弗届，穷山距海，不能限也。"面对新的任务和挑战，习近平总书记指出，要"以坚如磐石的信心、只争朝夕的劲头、坚韧不拔的毅力，一步一个脚印把前无古人的伟大事业推向前进"。领导干部要增强历史耐心和责任担当，拿出干一行爱一行、钻一行精一行、管一行像一行的作风和精神，发扬孺子牛、拓荒牛、老黄牛精神，咬定青山不放松，全面增强"八种本领"，成为推进高质量发展的行家里手，创造中国方案、讲好中国故事、贡献中国智慧，推动建设人类命运共同体。

38　拜人民为师，向人民学习，放下架子，扑下身子，接地气，通下情

习近平总书记强调："在人民面前，我们永远是小学生，必须自觉拜人民为师，向能者求教，向智者问策。"人民群众是实践的伟大导师，领导干部必须放下架子，扑下身子，深入基层、深入群众，发现群众，学习群众。只有坚持向基层学习、向群众学习，不断从基层的生动创举中吸取经验，从广大群众的丰富创造中汲取营养，才能更有效地解决发展中遇到的新矛盾和新问题，推动工作不

断创新发展。

人民群众有无穷智慧，基层实践有万千高招。谋划发展，最了解实际情况的，是人民群众；推动改革，最具首创精神的，也是人民群众。总结我们党发展壮大的经验，很重要一条，就是始终把群众作为智慧和力量源泉。在新时代，领导干部的文化水平越来越高，知识越来越广博，但仍要坚持拜人民为师，向群众学习，向实践学习。只有向实践学习，才能获取"活知识"，学到"真功夫"，掌握"硬本领"，获得取之不尽的力量之源；只有拜人民为师，才能坚定人民群众立场，始终保持为人民服务的宗旨不动摇，真正了解群众的所盼所求，永远保持人民公仆的本色。

对群众有感情，就会对工作有激情。登山则情满于山，观海则意溢于海。观察事物、说话办事必须全身心投入、充满热爱才能有感而发。同理，向人民学习，也要带着最朴实的情感去学习。要有尊重群众、甘当学生的胸襟，视群众为"主人"，对群众怀有真挚感情，始终保持谦虚谨慎的态度，摆正心态，诚恳地与群众进行平等交流，从群众生动的实践创造中汲取营养、提炼经验。人民群众的智慧，来自实践，是取之不尽用之不竭的工作"素材库"。要学习人民群众的活跃思维、优秀品德、务实作风、朴素情感，做到学之于民用之于民，在工作中要紧紧依靠人民群众，凝聚广大人民群众的智慧和力量，切实解决好基层改革、发展、稳定中的热点和难点问题，解决好与群众生产生活密切相关的实际问题，为广大群众多办实事、多办好事、多解难事，不断增强人民群众获得感、幸福感、安全感。

去除"官僚气"，多沾"泥土气"。"你离群众有多近，群众就跟你有多亲。"领导干部要真正俯下身子，在感情上贴近群众，主动深入群众，与群众打成一片，沾沾烟火气，听民声、察民情，把人民群众反映的问题放在心上，满足群众的需求，赢得群众的信任，把向群众学习的课堂搬到田间地头、搬进千家万户；要真正放下架子，谦虚谨慎、不骄不躁，不仅把群众当"先生"，而且把群众当"裁判"、当"考官"、当"评委"，时刻检查自己想问题、作决策、办事情是不是站在人民的立场上、是不是有助于解决群众的难题、是不是有利于增进人民福祉，着力使各项工作符合群众的意愿、得到群众的认可。

第三篇

明事理

要有善于学习　勇于实干　团结用人的成事观

39 善学者智，善学者强，善学者戒

《礼记·学记》曰："善学者，师逸而功倍，又从而庸之；不善学者，师勤而功半，又从而怨之。"其中，"善学"指掌握最佳的学习方法、取得事半功倍的学习效果，提醒人们要善于学习、取得实效。学习可以增智，可以解惑，可以辨是非。共产党人依靠学习走到今天，也必然要依靠学习走向未来。领导干部唯有增强学习的紧迫感、使命感、责任感，勤"充电"、多"增能"，以学益智，以学修身，以学明责，才能不断适应世情、国情、党情的新变化，才能不断提高领导水平和执政本领。

善于学习是点燃智慧的"火花石"。非学无以广才，非学无以明识，非学无以立德。《礼记·中庸》有这样一句话："好学近乎知。"这里的"知"是指智慧。毛泽东同志曾说："有了学问，好比站在山上，可以看到很远很多东西。没有学问，如在暗沟里走路，摸索不着，那会苦煞人。"学习是人类增强对外界事物感知能力的过程。在学习中能体味思想家的睿智和超然，领略到历史的云烟，与古人

对话，与伟人长谈，让心灵得到滋养，使思想、生活、工作等各个方面上升到更高的境界。学习为我们扩大了智慧的空间与容积。当干部必须更加崇尚学习、积极改造学习、持续深化学习，在常学常新中加强理论修养，在真学真信中坚定理想信念，在学思践悟中牢记初心使命，在细照笃行中不断修炼自我，在知行合一中主动担当作为，做到信念坚、政治强、本领高、作风硬。

善于学习是增强本领的"加油站"。古人云："少而好学，如日出之阳；壮而好学，如日中之光；老而好学，如秉烛之明。秉烛之明，孰与昧行乎。"进学致和，行方思远。习近平总书记强调，领导干部如果不加强读书学习，知识就会老化，思想就会僵化，能力就会退化。现在，一些干部对学习失之于松、失之于浮、失之于虚、失之于空，"以其昏昏，使人昭昭"，甚至因为见识、能力等的局限，贻误工作、贻误事业。学习归根结底是通向真理、通向知识、通向光明的抉择。"盲人骑瞎马，夜半临深池"是鲁莽和不可取的，不仅不能打开一番新局面，而且有迷失方向的危险。当干部要秉持以学为先的理念，把学习当作自己的刚性需求、人生爱好，把学习作为立身之本、从政之基，通过不断学习来提升自己，避免陷入少知而迷、不知而盲、无知而乱的困境，克服本领不足、本领恐慌、本领落后的问题。

善于学习是常拭心灵的"净化器"。立身以立学为先。明代大学者吕坤在《呻吟语·问学》中写道："读书能使人寡过，不独明理。此心日与道俱，邪念自不得乘之。"学习是校正世界观、人生观、价值观的"立身"之镜，常照"学习"之镜，能够看清自己，帮助自己正衣冠、修形象；不照"镜子"，就看不见自己的"污垢"，就难以分辨欲望、辨清是非曲直。毛泽东同志说过，"房子是应该经常打扫的，不打扫就会积满了灰尘；脸是应该经常洗的，不洗也就会灰尘满面。我们同志的思想，我们党的工作，也会沾染灰尘的，也应该打扫和洗涤"。纵观那些银铛入狱的干部，无不因为学习少了，照"镜子"少了，从而看不清自己思想上的灰尘、欲望上的扭曲，以致走上了不归路。当干部要坚持在学习中坚定理想信念、提高政治素养、锤炼道德操守、提升思想境界，坚持在学习中把握人生道理、领悟人生真谛、体会人生价值、实践人生追求，善于从学习这面镜子中看清自己并不断认识自我、校正自我，勤于修理欲望的"枝丫"，始终做到心有所畏、言有所戒、行有所止，经受住各种考验，走好从政每一步。

40 让思想理念与时俱进，让知识储备适应变化

习近平总书记指出，当今时代，知识增长、更新很快，新知识新事物层出不穷。面对这种情况，领导干部如果不加强学习，不加强知识武装，就可能跟不上形势的发展而落伍。当干部要加强学习的紧迫感，既要"温故知新"，又要"学新知新"，坚持活到老、学到老，不断更新思想理念，不断储备新知识，这样我们的本领才能不断增强，我们的思想才能保持活力、与时俱进，我们才能更好地胜任所肩负的工作，最终赢得主动、赢得优势、赢得未来。

东风浩荡万里澄，与时偕行天地宽。一切事物都是运动、变化、发展的。自然界的进化、人类社会的变迁，乃至人的思维的变化，都是一个不断推陈出新、破旧立新的发展过程。随着时间、空间、条件、情境、对象、目标、任务、要求等的变化，干部的思想理念、价值观念、思维方式等都要发生变化。领导干部一定要具备善于把握事物发展规律，解放思想、实事求是、积极求变、与时俱进的特质。如果习惯于旧式思维，沉浸于传统观念，依赖于旧思路旧方法，往往只会踏步不前，很难发现新情况新问题，更不可能拿出应对新情况解决新问题的办法。千锤百炼始成钢。广大干部要一刻不停地坚持改造主观世界，勇于自我革命，敢于尝试新鲜事物，主动跳出"舒适区"，不惧怕可能会遇到的风险，不断突破现有的认知，不断研究新事物、发现新机遇、探索新办法，自觉去除与新时代不适应、不符合的思想、理念、思路、方法，永无止境地完善自我，始终保持思维的活跃性、思想的敏锐性、思路的开阔性，做发展创新的开拓者、与时俱进的引领者、适应变化的先行者。

识时务者为俊杰，通机变者为英豪。做任何工作，只有顺应时势，因势而变加强知识储备，善于发展地、联系地、全面地、辩证地观察分析事物，从而准确认识和把握客观规律，深刻洞察情势变化，才能找准解决问题、推动发展的正确方向和科学方法。领导干部作为党和人民事业的实施者、推动者，只有持续不断地通过学习充实、提高、完善自己，才能适应不断发展变化的新形势新需要，解决好各种新矛盾和新问题。要善于学习马克思主义哲学，学会用辩证唯物主义和历史唯物主义的立场观点方法去观察问题、分析问题、解决问题,不断提高工作的时代性、规律性、预见性和前瞻性;要坚持一切从实际出发,坚持理论联系实际,注重调查研究,坚持学习,切实加快知识更新、优化知识结构、构建知识体系,使自己的知识储备紧跟时代步伐,努力提高发现新现象、研究新情况、解决新问题的能力水平。

41　了解历史才能看得远,理解历史才能走得远

习近平总书记强调:"历史、现实、未来是相通的。历史是过去的现实,现实是未来的历史。"历史不会因时代变迁而改变,重视历史、研究历史、借鉴历史,从历史中寻找事物发展的本源、揭示规律,就能知荣辱、知兴衰、知成败。不忘初心,方得始终;不忘过去,才能开创未来。广大干部只有了解历史、理解历史,从历史中汲取智慧、经验、意志和力量,才能认识过去、洞察世事、参透生活、认识自己,更好地了解昨天、把握今天、开创明天。

对历史能看多深,对未来就能看多远,让历史告诉未来。历史的眼光,既是一种"向后看"的眼光,又是一种"向前看"的眼光:"向后看",是为了总结经验;"向前看",是为了把握方向。习近平总书记指出,历史是一个民族、一个国家形成、发展及其盛衰兴亡的真实记录,是前人各种知识、经验和智慧的总汇。"它忠实记录下每一个国家走过的足迹,也给每一个国家未来的发展提供启示。"世界上没有"无历史"的民族,也没有"无历史"的

国家。不知过去，无以图将来。只有重视历史、研究历史、借鉴历史，才能知道我们从哪里来、往哪里去，才能从纷繁复杂的社会现象中认知和把握社会发展的客观规律。习近平总书记强调："重视历史、研究历史、借鉴历史，可以给人类带来很多了解昨天、把握今天、开创明天的智慧。"读史可以知得失兴替，可以陶冶情操，还可以提高能力。一切历史都是当代史，过去未来皆是现在。广大干部要充分认识学习历史的重要意义，善于通过学习历史，了解历史上治乱兴衰规律，不断丰富头脑、开阔眼界、提高修养、增强本领；要从当下的实际出发，与当前的形势俱进，同时把眼光放远、视野延伸，把坚持和发展中国特色社会主义放在宽广的世界历史视野和悠久的中国历史长河中去考量，把握好当下的光阴、当下的人，做好正在做的事，努力创造无愧于时代、无愧于人民的业绩。

每一次对历史的回望，总能给人们以智慧启迪，治国理政需要立足历史大逻辑。历史的用处就是赋予当下以价值。明镜所以照形，古事所以知今。历史是一面映照现实的明镜，也是一本最富哲理的教科书。法国历史学家安托万·普罗斯特在《历史学十二讲》中提道："历史学不是要培养关于过去的充满了彼此永远隔阂的怨恨和认同的回忆，而是要努力理解发生了什么，以及为何发生。它是在寻找解释；它试图确定原因和后果。"重视对历史经验的学习、总结和运用，善于从不断认识和把握历史规律中找到前进方向和正确道路，是中国共产党在百年奋斗历程中能够不断取得胜利的一个重要原因。邓小平同志指出："总结过去是为了引导大家团结一致向前看。"当前，我国仍处于重要战略机遇期，但面临的国内外环境正在发生深刻复杂变化。广大干部要认清党和国家发展的历史方位，认清肩负的历史责任和神圣使命，更深切地体会中国共产党为什么能、马克思主义为什么行、中国特色社会主义为什么好，从灵魂深处汲取历史智慧、激发奋进力量；要胸怀中华民族伟大复兴战略全局和世界百年未有之大变局，树立大历史观，从历史长河、时代大潮、全球风云中分析演变机理、探究历史规律，提出因应的战略策略，增强"识势"之明、提高"布局"之能、掌握"干事"之道，书写新的历史、创造新的辉煌。

42 自信是成功的起步，自负是成功的止步

毛泽东同志有句名言："自信人生二百年，会当水击三千里。"一个干部若总是信心满满、意气风发，即使遇到棘手的问题或者面临困境，也能举重若轻、从容镇定。信心贵如金。自信也要适度，过于自信便是一种自负，这样的干部，往往缺乏正确的自我认知，刚愎自用、自以为是，不能正确对待组织、对待群众、对待自我，听不进意见，看不起他人。常言道，自信是英雄的本质，自负是愚人的特征。当干部想要有所作为，就得自信但不自负。

人生的高度，是自信撑起来的。 人不自信，谁人信之？欲成大器，必先自信。自信是人生的精神脊梁，是一种健康的心理状态，是立世的基础、做事的动力、成事的保证，自信的人能战胜自

我、消除自卑、摆脱烦恼、大胆开拓、不断进步。自信鼓起生命的风帆，自卑熄灭奋斗的火焰。当干部要有自信，自觉坚定"四个自信"，坚定不移走好中国特色社会主义道路，不忘初心、牢记使命，为党和人民事业不懈奋斗；自觉增强人生自信，学会修炼"自信心"，善于欣赏自己，自我暗示、自我激励，不断增强自信"资本"，在理论学习中长智慧，在实践锻炼中长才干，集学识、见识和胆识于一身，让自信"不请自来"，让自己在前进的道路上充满无限力量。要掌握好自信的"度"，科学地认识自己，既不过高地看待自己的长处和成绩，也不贬低自己的能力，胜不骄、败不馁，信心满满地走好从政每一步。

万事都有度，自负终"自缚"。凡事有度，自信也不例外，否则就成了自负。有的干部取得了一点成功，掌握了一点权力，便自以为了不起，骄傲自满，自高自大，恃才傲物，目空一切。过度自信的结果最终只会导致自我的失败，走向歧途。自负骄奢，未有不败。"力拔山兮气盖世"的项羽，自负过头，最终自刎乌江；马谡自负拒谏，扎营孤山，导致痛失街亭。这些因自负自傲招致的教训不可谓不深重。陈毅同志曾有诗云："九牛一毫莫自夸，骄傲自满必翻车。"当干部，对工作即使理念再新、情况再熟、能力再强、思虑再深，都应学会尊重他人、欣赏他人，注重集思广益、开门纳谏，善于取其精华、弃其糟粕，唯有这样才能使决策更加科学，决策实施更加顺利，工作成效更加优异，而千万不能盲目自信、不可一世，使自信变成自负，本想"破茧成蝶"却成了"作茧自缚"。要戒骄戒躁不自负，在取得成绩时，多想自己的问题和不足，多一些谦虚少一点骄横，多一些潜心实干少一点急功近利，牢记"人外有人，天外有天"，时刻保持"空杯心态"。虚心使人进步，骄傲使人落后。

43 一经打击就灰心丧气的人，永远是个失败者

2007年，一部叫《士兵突击》的电视剧一经播出便走红大江南北，至今仍被视为经典。剧中主人公许三多，对理想坚定执着，面对困难永不退缩，从一名基础很差的士兵，最终成长为一名出色的侦察兵。该剧能赢得一边倒的好评，是因为其传达的"不抛弃、不放弃"的精神，讲述了一个亘古不变的道理：真正的成功者，是面对挫折和失败永不放弃的人。所谓愈挫愈勇才是真英雄，干任何事业，如果遭遇打击就惊慌失措，那么即使在顺境时取得了再大的成功，也算不得真正的成功者。一个人也好，一个团队也好，要谋事成事，最大的挑战就是战胜遭遇挫折时的自己，而要做到这一点，一要有信念，二要有智慧，三要有行动。

能经得住多大打击，就能担得起多大重担。一个人心智的成长速度，取决于他在失败时心理承受打击的程度。苏轼在《晁错论》中讲，"古之立大事者，不惟有超世之才，亦必有坚忍不拔之志"。坚定的理想信念，是战胜困难和失败的基石。在历史上，无数成就大业的人不惧失败与屈辱，都是靠着坚定的理想信念作支撑。越王勾践，卧薪尝胆、励精图治，终于大败吴国成一代霸主；西汉苏

武，宁死不屈、坚决不降，牧羊19年终于回到汉朝。生活是一面镜子，你对它笑，它就对你笑；你对它哭，它也对你哭。人生在世，不如意事常九八，无论干什么事业，很少能一帆风顺，困难和失败都是人生的一部分，这个时候乐观的心态就很重要。邓小平同志曾经说过，乐观是他的法宝，"如果天天发愁，日子怎么过？"面对"三落三起"的政治人生，邓小平同志不仅有坚忍不拔的理想信念，也有积极乐观的人生态度。领导干部要保持乐观的心态，这是大智慧的体现。乐观的背后其实是对待矛盾、对待生活和对待历史的辩证法，即不认为事物和环境会一成不变。

面对失败和挫折一笑而过，面对烦恼和忧愁平和释然。受到再大的打击，只要生命还在，请相信每天的太阳都是新的。消极的人在机会面前也受制于忧患，积极的人在忧患面前也思考着机会。人们常说，失败是成功之母，但经历挫折并不意味着就孕育了成功。只有经历挫折磨砺并最终超越挫折的人，才是真正的强者，才真正懂得成功的可贵和人生的意义。强者征服今天，懦夫哀叹昨天，懒汉坐等明天。最使人绝望的往往不是挫折的打击，而是心灵的投降。打击与挫败是成功的垫脚石，而不是绊脚石。每一次的失败，都是进步的阶梯；每一次的考验，都是对心智的考验；每一次的泪水，都有痛心的醒悟；每一次的磨难，都是对人生的顿悟；每一次的伤痛，都是成长的养分；每一次的打击，都是宝贵的财富。当干部要逆境面前不失志，挫折面前不失措，善于总结失败的经验教训并起而行之，改变思维、改变方法，要珍惜困难和失败的正面价值，把每一次困难和失败都当作成长进步的垫脚石。

44　不知道自己的无知，则是双倍的无知

在古希腊奥林匹斯山德尔斐神殿的一块石碑上铭刻着一句话："人啊，认识你自己。"习近平总书记曾说："天下无尽善尽美之事，世上无十全十美之人。问题在于往往自病不知，识己更难。"认识自己方能认识人生。人只有准确认识自己，才能理性、客观地把握自己，从而克己所短、扬己所长，从容校准自己的人生坐标。干部唯有客观实际地自我认知，方能永无止境地自我超越。

低头的是稻穗，昂首的是稗子。稻穗越成熟、越饱满，头垂得越低；只有那些干瘪的稗子，才显得招摇，整天昂首示"威"。做人未尝不是如此，通常知识越丰富、能力越强、水平越高的人，往往越能正确认识自己，保持谦卑、保持低调、不露锋芒，从不自吹自擂、自鸣得意。而那些"一瓶不满半瓶晃荡"的人，缺乏正确自我认知，潜意识里存在高人一等、胜人一筹的想法，明明知之甚少，还认为自己聪明得不得了、能干得不得了、厉害得不得了，终日以自我为中心，什么都不放在眼里。人不知自丑，马不知脸长。一个干部如果总以为自己能耐了得，自戴"高帽"，结果必然导致自我膨胀、目中无人、自以为是、自吹自擂，连自有的一点见识和能耐也会丧失殆尽，甚至排斥异己，最终自毁前程、自取灭亡。

聪明人自认一无所知，愚笨人自负无所不晓。马克思说过："一切真理的精华（人们）最终会自己了解自己。"人生是一个不断认识自我、完善自我的过程。人贵有自知之明，人最难的恰恰是正确认识自己。苏格拉底说过："我知我无知。"尺有所短、寸有所长，

任何人都不是万能的。一个人只有正确认知自我、客观看待自我，自信而不自负，才能完善自我、超越自我，言行有据、进退有度。没有自知之明的多是轻狂之人，亦多有狂妄或轻贱之举。周恩来同志曾尖锐指出："没有人是专门改造别人的，自居于领导，自居于改造别人的人，其实自己首先需要改造。"正确认识自己，是干部立身做人、立德为官之基。那些自我感觉良好的干部，那些习惯盯着别人缺点、忽略自身不足的干部，就是把自己关在了一个狭小的天地内，妄自尊大、目空一切、唯我独尊。当干部须牢记，平台不等于本事、官升不代表能力长，切莫让自己成为自己"最熟悉的陌生人"。

认识到自己的无知，是智慧的开始。满桶水不响，半桶水乱晃。毛泽东同志早就告诫："我们有些干部是老子天下第一，看不起人，靠资格吃饭，做了官，特别是做了大官，就不愿以普通劳动者的姿态出现。这是一种很恶劣的现象。"人的能力是有限的，没有谁能够揪着自己的头发离开地球。列夫·托尔斯泰曾说："一个人好像一个分数，他的实际才能好比分子，而他对自己的估价好比分母，分母愈大，则分数值愈小。"要让分数值增大，就要加大分子、减小分母。干部手握公权、身居"高位"，更要始终实事求是，多一些"自以为非"、决不能自以为是，"自己要知道自己能吃几碗饭"，对自己是什么样的人、到底有几斤几两，能力有多强、能干多大事，要有清醒的认识；要学会用"第三只眼"看清自己，客观地审视自己、正确地认知自己，自重自省自警自励，谦逊低调、谨言慎行。

45　如果脑袋里一团糨糊，手头上必然是一团乱麻

生活和工作中，遇到办事不知所措、一团乱麻的人，我们经常会用"脑袋里一团糨糊"来形容他。这是因为手是由大脑指挥的，手上乱是源于脑子乱。脑子不清醒，想问题就没有思路，办事情就不知道怎么做才好，干工作就会举步维艰。政治路线确定之后，干部就是决定的因素。领导干部想问题、作决策，办事情、干工作，最为重要的是"拎得清"。要避免"脑袋里是糨糊，手头上是乱麻"，一要脑子里有货，二要脑子里的货有条理。

肚中有墨水，文章自然来。毛泽东同志说："手中有粮，心就不慌。脚踏实地，喜气洋洋。"对大多数人而言，之所以遇事慌张、本领不强，还是大脑不够充实，没有知识、技能、经历、见闻充实大脑。我们常说要想"下笔如有神"，必须先做到"读书破万卷"。回顾我们党百年历程，始终秉持"打铁必须自身硬"的信念，用真本事干大事业。广大干部始终保持虚怀若谷、如饥似渴的学习状态，深入反思知识上的短板、经验上的盲区、能力上的弱项，通过党性教育坚定理想信念、依靠理论学习提升素养结构、强化业务学习增强干事本领。奋斗百年路，启航新征程。领导干部要在新时代奋勇争先、建功立业，坚持充实"脑袋"是所有工作的第一条，应不断提升思想境界、强化能力素养、提升担当能力，以学修身、以学增智、以学促干。

若网在纲，有条而不紊。人们常说，"学无章法则乱，文无章法则亡"。掌握了很多碎片化的信息，但不构成系统性的知识，就

难免陷入"越学越焦虑""越学越不会"的窘境，无法用学到的知识增长个人本领、指导实际工作。结构优功能强，结构不优功能弱，这样的例子在生活中比比皆是。比如写文章，结构上讲究"凤头、猪肚、豹尾"，如此才能算得上一篇好文章，如果没有好的结构，再有思想，写出的文章也如一团乱麻。领导干部学知识、长本事，一定要抓住系统思维这个牛鼻子，要在学习纷繁复杂的知识同时，能充分运用系统思维来优化结构，实现整体的功能最优化。

46 除了学习，没有任何方法可循；除了实干，没有任何捷径可走；除了担当，没有任何胆识可言；除了奉献，没有任何境界可讲

当干部是有实践准则和奋斗方向的。领导干部要时刻将党和人民的事业装在心中，用学习增强本领，用实干为民服务，用担当彰显初心，用奉献书写情怀，努力创造经得起实践、人民、历史检验的实绩。

学习大于教育，学习比学历重要。学习决定人生，学习成就未来，学习造化命运。学习是永恒的主题，生存的根本保证就是学习，保持活力最大的秘密就是学习。习近平总书记指出："梦想从学习开始，事业从实践起步。当今世界，知识信息快速更新，学习稍有懈怠，就会落伍。"依靠学习走向未来，是我们党治国理政的一大鲜明特色，干部的政治素养、理论水平、专业能力、实践本领

都要靠学习来提升和强化。党的十九大报告把"增强学习本领"列为全党同志要增强的"八大本领"之首。离开学校进入职场,才是真正学习的开始。当干部必须不断增强学习本领,大兴学习之风,把学习作为一种追求、一种爱好、一种健康的生活方式,做到自觉学习、主动学习、终身学习,在好学乐学中实现"博学之,审问之,慎思之,明辨之,笃行之"。

干事创业托起梦想,苦干实干书写辉煌。成功大多缘于实干,祸患往往始于空谈。邓小平同志曾经多次强调:"世界上的事情都是干出来的。不干,半点马克思主义也没有。"习近平总书记指出:"社会主义是干出来的,新时代是奋斗出来的。"干部干部,干是当头的。当干部必须以对党和人民高度负责的态度,脚踏实地,埋头苦干,坚持重实情、办实事、求实效,不图虚名,不务虚功。实干是一种精神,也是工作方法,当干部要切实增强看问题的眼力、谋事情的脑力、察民情的听力、走基层的脚力,干得主动、干在一线、干出精彩,扎扎实实地把各项决策和工作落到实处。

桥的价值在于承载,人的价值在于担当。比知识更重要的是决心,比方法更关键的是担当。习近平总书记强调:"干部敢于担当作为,这既是政治品格,也是从政本分。"对领导干部而言,乐于担当体现的是一种先忧后乐的思想情怀,敢于担当体现的是一种迎难而上的责任意识,善于担当体现的是一种有勇有谋的能力素质。当领导干部就要自觉激发担当精神,以想干事、真干事的自觉,会干事、干成事的本领,挑最重的担子,啃最硬的骨头,回应党和人民的期盼;要培养过硬本领敢担当,去掉私心真担当,涵养底气勇担当，锤炼智慧善担当，不断提高政治能力、调查研究能力、科学决策能力、改革攻坚能力、应急处突能力、群众工作能力、抓落实能力，在应对重大挑战、抵御重大风险、克服重大阻力、解决重大矛盾中，以勇于担当开创事业新篇。

煤炭燃烧才有光和热，人生奉献才有欢与乐。习近平总书记指出："衡量一名共产党员、一名领导干部是否具有共产主义远大理想，是有客观标准的，那就要看他能否坚持全心全意为人民服务的根本宗旨，能否吃苦在前、享受在后，能否勤奋工作、廉洁奉公，能否为理想而奋不顾身去拼搏、去奋斗、去献出自己的全部精力乃至生命。"奉献，是社会主义职业道德的最高境界，是每一名共产党员在入党时的铮铮誓言。真正的共产党干部不是随便叫出来的，是在勇于牺牲奉献中干出来的。全心全意为人民服务的宗旨是我们勇于奉献的最大源泉。但愿苍生俱饱暖，不辞辛苦出山林。当领导干部就要始终把人民放在心中最高的位置，做到不求名利，甘于在平凡岗位上默默奉献，面对艰难险阻时能毫不犹豫地燃烧自己，照亮他人。

47 学习理论如"磨刀"，干事创业如"砍柴"

宋代大学问家朱熹说："苟徒知而不行，诚与不学无异。然欲行而未明于理，则所践履者，又未知其果何事也。"学习理论和干事创业的关系，正如这里所说的"明理"和"践履"的关系，如果只知道学习理论而不干事创业，则好比只"磨刀"而不"砍柴"，刀磨得再好也等于白费力气，而如果只知道干事创业而不学习理论，则好比只"砍柴"而不"磨刀"，由于刀钝终究也是砍不好柴的。所谓用而不学则滞，学而不用则废，说的就是这个道理。当干部，既要会"磨刀"，也要会"砍柴"，学以致用、用以促学。

经世须理论，致用要方法。习近平总书记强调："学习马克思主义基本理论是共产党人的必修课。"理论创新每前进一步，理论武装就跟进一步。理论学习学的是一种根本性的认识论、方法论、价值论，是一种打基础、利长远的学习，不可或缺、至关重要。理论学习是干部去伪存真、激浊扬清的有力武器。理论上的成熟是政治上成熟的基础，政治上的坚定源于理论上的清醒。从事领导工作，思想视野开阔与否、能力本领高强与否、工作成效突出与否，首先取决于理论水平的高低。只有不断强化理论学习，及时更新知识库，掌握科学方法论，才能不偏离理论航向。理论唯有常新才能常青。领导干部学理论，要多读多记、常学常新，往深里走、往实里走、往心里走，为自身成长筑牢坚实根基，为党和人民的事业传承精神基因、凝聚磅礴力量。

为学之实，固在践履。习近平总书记强调，一个人如果不注重把学到的知识运用到工作中、落实在行动上，即使他"学富五车、才高八斗"，也不能说达到了学习的最终目的。理论的威力，只有付诸实践才能发挥出来，而且越是矛盾突出，越需要理论领航。从理论和实践的结合上把问题弄清楚，做到学思用贯通、知信行统一，才能弄清楚理论的源泉是什么，实践的基础是什么，战略考量是什么。领导干部加强理论学习的目的是更好地指导实践、推动工作。时逢干事创业的好时代，领导干部要切忌纸上谈兵，自觉继承和发扬理论联系实际的优良传统，在理论的深化、消化、转化上下功夫，学思践悟、真信笃行，在实践中学真知、悟真谛，真正做到学践互促、学以致用、知行合一。

48　刀不磨会生锈，人不学会落后；党员干部当把学习作为获取才智、成长进步的阶梯，作为增强本领、推动工作的立足点，常学常进步，让学习成常态，推动工作进状态

《礼记·学记》曰："玉不琢，不成器；人不学，不知道。是故古之王者，建国君民，教学为先。"学习是加强个人修养的重要方式，是提高个人能力的重要途径。对领导干部来说，学习不仅是个人的小事情，而且是事关党和国家事业的大事情。习近平总书记指出："我们党历来重视抓全党特别是领导干部的学习，这是推动党和人民事业发展的一条成功经验。在每一个重大转折时期，面对新形势新任务，我们党总是号召全党同志加强学习；而每次这样的学习热潮，都能推动党和人民事业实现大发展大进步。"

学会知识是底牌，学会学习是金牌。我们所处的时代是一个知识"爆炸"的时代，科学技术日新月异，知识更新不断加快，各种新知识、新事物层出不穷，需要我们去了解、去认识；各种新情

况、新问题不断涌现，需要我们去把握、去解决。中国特色社会主义进入新时代，世情、国情都在快速变化，习近平总书记指出："同过去相比，我们今天学习的任务不是轻了，而是更重了。这是由我们面临的形势和任务决定的。"在社会主义现代化建设的伟大事业中要想赢得主动、赢得优势、赢得未来，领导干部就要持之以恒地学习，不断提高学习本领、政治领导本领、改革创新本领、科学发展本领、依法执政本领、群众工作本领、狠抓落实本领、驾驭风险本领八大本领，克服"本领恐慌"。

学如弓弩，才如箭镞，识以领之，方能中鹄。加强学习要解决好"如何学、学什么"的问题，明确方向、内容，讲究形式、方法。首先要明确方向。要坚持马克思主义的立场、观点、方法，这是"我们做好一切工作的看家本领"，正如习近平总书记指出的："忽视了马克思主义所指引的方向，学习就容易陷入盲目状态甚至误入歧途。"其次要把握内容。既要着眼未来，也要重视历史。领导干部的学习，面向未来的新理念、新技术、新方法是重要内容，但历史的重要性也不容忽视，要注重学习党史、新中国史、改革开放史、社会主义发展史，在学习历史中重视对经验的总结与运用，从不断认识和把握历史规律中找到前进的正确方向和正确道路。再次要注重形式。既要向书本学，又要向实践学。书本学习是重要的学习方式，但更重要的是实践学习。领导干部要学会在无字句处读书，多深入基层、深入群众，多层次、多方位、多渠道地了解实际情况。最后要讲究方法。学习与思考、勤学与善思是相互联系和相辅相成的，领导干部加强学习，要像习近平总书记指出的那样："在学习过程中，要结合自己的工作实际，脑子里经常装几个问题，反复思考。"

49 书看少了，就会看一部信一部，莫衷一是；书看多了，才会有自己独特的见解，深刻认识，乃至独树一帜，自成体系

古人云，"读书百遍，其义自见"，"读书破万卷，下笔如有神"。一个人读书越多，知识积累就越多，越能掌握客观规律，透过现象看本质，"究天人之际，通古今之变"。领导干部只有多读书、读好书，使自己成为博览群书的大学者，才能克服本领恐慌、远离愚昧无知，在任何矛盾、困难面前都能从容应对、游刃有余。

水滴集多成大海，读书集多成学问；读书不需要理由，不读书才需要借口。苏轼曾说，"博观而约取，厚积而薄发"。世界上任何事物的发展都是一个量变积累到质变飞跃的过程，知识学习也是一样，绝不可能因为读了一本书就事事通明。每本书籍的背后都有着不同的时代背景、立场角度、认知情感、研究方法等，不可能面面俱到、完备无缺，必然都有其缺陷性。如果读了一本好书，就将其奉若神明，而看不到其局限性，就如同把自己关进了认知的牢笼。读书是多多益善的，只有多读书，把蕴含在每本书里的知识汇聚成河，才能通过不同的角度、不同的维度、不同的视角更加全面地认识客观世界、把握客观规律，获得真知灼见，而不偏听偏信、以偏

概全。不爱读书的人的空间是一口干枯的小井，爱读书的人的空间是无边无际的大海。现实中，一些人要么狂妄、要么自卑，要么刚愎自用、要么人云亦云，要么自以为是、要么患上选择焦虑症，其根本原因就在于知识贫乏、见识浅薄、不明事理。这些人脑子里对人对事的认知，往往都是绝对的，没有听过与其对立的观点，更看不到事物的另一面，行事偏颇也就在所难免了。

读书不是为了雄辩和驳斥，也不是为了轻信和盲从，而是为了学会思考和权衡。吾生也有涯，而知也无涯。英国剧作家萧伯纳曾说，"好书读得越多越让人感到无知"。海不辞水，故能成其大；山不辞土，故能成其高。知识就像无边的海洋，我们每天所学的只不过是沧海一粟，点滴积累也只不过是汇聚成溪，所以我们要不断地学习，不断地积累，不断地向大海靠近。领导干部要始终保持虚怀若谷、如饥似渴的学习状态，永葆对知识求索的热情，养成活到老、学到老、阅读到老的习惯，在读书中明辨是非美丑、在读书中提高能力素养、在读书中获得人生启迪、在读书中寻求人生乐趣。要读好书，虽然读书多多益善，但人的精力是有限的，读书也要有所侧重，要多读马克思主义理论著作、多读做好领导工作必需的各种知识的书籍、多读古今中外优秀传统文化经典、多读自己感兴趣的书籍。要善读书，学会"粗读"，善于抓住要点，从整体上对文章进行提纲挈领的把握；学会"精读"，对内容静心思考、认真分析、反复揣摩，用心领会书的精华、书的灵魂，通过自己的消化吸收，融入自己的思想，形成属于自己完备的知识体系。

50 既要读"有字之书"丰富大脑，也要读"无字之书"充实阅历

毛泽东同志曾说："社会是学校，一切在工作中学习。学习的书有两种：有字的讲义是书，社会上的一切也是书——'无字天书'。"人获取知识，主要有两条途径：一是读书，二是实践。古人讲，"读万卷书，行万里路"。就是告诉我们，读书是进步的阶梯，实践是最好的老师，两者相互促进、相辅相成、缺一不可。领导干部只有不断读书学习、不断实践经历，才能扩思想、提境界、长才干、强本领。

读书可以经历一千种人生，不读书的人只能活一次。莎士比亚说："书籍是全世界的营养品。"笛卡尔说："遍读好书，有如'走访先代圣贤'，同他们'促膝谈心'，分享他们'最精粹的思想'，让我们在'精神上相逢'。"书籍是知识的载体，人类最深邃的思想、最伟大的智慧、最重要的精神，都深藏在书籍里。读书，可以直接与作者在书籍中相遇、相交、相知，可以直接在与作者的思想碰撞中感知、感受、感悟，是站在巨人肩膀上认识世界、感悟人生、把握规律最直接、最便捷、最高效的方式。一个人读书的过程，就是收获的过程、成长的过程、精进的过程。读一本书，就能得到一份作者的体会、感悟、经验。读书多一些，积累就多一些，思想就透亮一些，做人做事就通透一些，人生的体悟也会更丰富一些。可以说，读书的程度，直接决定着一个人思想的深度、情感的厚度、格局的广度、精神的高度。

善读无字之书，修得世事练达。读书是学习，实践也是学习。实践出真知，实践出实情，实践出方法，实践出经验。实践是认识的源泉，人的一切知识、一切思想，包括书本上的知识和思想，都来源于实践，离开实践的知识是不存在的。同时，实践是认识的目的，我们读书、学习的最终目的，都是为了解决实践问题、推动实践发展。正因如此，习近平总书记曾说："读书客观上是一个去粗取精、去伪存真的过程，必须联系实际、知行合一，通过理论的指导，利用知识的积累，来洞察客观事物发展的规律"，"根本目的是增强工作本领、提高解决实际问题的水平"。读无字之书，就是要积极投身实践，向实际学习、向社会学习、向群众学习，在联系实际中升华理论和认识，在生动实践中吸取各方面知识和营养，在真实情况中探寻问题和方法，在真切环境中经受磨砺和锻炼，真正做到从群众中来、到群众中去，把书读到实处、学到实处。

51 会干事是能力，干成事是目标，干好事是境界，不出事是底线

实干，落脚点就在干上。干部干部，顾名思义，也是要"干"字当头。日常工作中，也往往把还没有走上领导岗位的普通干部称为"干事"，其中蕴含的深意还是要干事。习近平总书记要求干部特别是年轻干部，勇于直面问题，想干事、能干事、干成事，不断解决问题、破解难题。做人不干事，就没有力量和未来；为官不干

事，就难以在其位、谋其政、尽好职。干事是为官从政的出发点和落脚点。领导干部就是要有强烈的实干精神、干事劲头，才能在新时代高质量发展中有所作为、有大作为。

会干事是一种本事、一种方法。本领是干事的基本前提，是能否把事情干成干好的基础和关键。有想干事的自觉，也要有能干事的本事。领导干部提高干事的本事，离不开学习和实践。要不断在学习和实践中提高专业素养，全面培养提升专业知识、专业能力、专业作风、专业精神，掌握运用唯物辩证的世界观与方法论，善于在纷繁问题与复杂局面中把握当前与长远、局部与全局、一般与特殊、两点论与重点论等辩证关系；要具备战略思维、历史思维、辩证思维、创新思维、底线思维能力，胸怀大局、把握大势、着眼大事，牢牢把握工作主动权；要学会统筹谋划、协同推进，妥善处理各种复杂利益关系，着力提高操作能力和执行力；要不断增强政治能力、调查研究能力、科学决策能力、改革攻坚能力、应急处突能力、群众工作能力、抓落实能力，才能面对矛盾有办法、面对难题有路径，切实把干事落到实处。

干成事是一种追求、一种效益。干成事是想干事与能干事的综合反映。干成事不能坐而论道，不仅要行动，而且要追求效益。做完的事情不仅要符合贯彻新发展理念的要求，而且要有政治、经济、文化、社会、生态文明等效益。要着眼于干成事，智谋在干成事、劲使在干成事，以钉钉子精神干事业，抓铁有痕、踏石留印，稳扎稳打向前走，过了一山再登一峰，跨过一沟再越一壑，不断通过化解难题开创工作新局面；要把干成事当成检验领导干部能力水平的重要指标，用效果印证干成事，推动领导干部抓落实有计划、有步骤、有效果，避免雷声大雨点小、谋划多落实少、承诺重践诺轻。

干好事是一种品质、一种修养。习近平总书记强调，我们要问一问自己，干工作、拼事业，是为了自己出政绩、得荣誉，还是为了老百姓的切身利益、长远利益。领导干部所干的事好不好，最根本的标准就是政绩观是否正确，是否追求实实在在的发展、创造实实在在的政绩、真心实意为群众办好事做实事，切切实实推动党和人民事业不断向前发展。干好事，领导干部必须提高境界、提升修养：处理好是与非的关系，在思想上讲政治立场、政治方向、政治原则、政治道路，在行动实践上坚决维护党中央权威、执行党的政治路线、严格遵守党的政治纪律和政治规矩；处理好大与小的关系，坚持以造福人民为最大政绩，始终涵养一心为民的公仆情怀，践行宗旨、摆正初心、校准使命，赢得人民的尊重和时代的认可；处理好潜与显的关系，既做让老百姓看得见、摸得着、得实惠的实事，也做为后人作铺垫、打基础、利长远的好事，既做显功，也做潜功，秉承"功成不必在我"的境界，不舍尺寸之功，不捐毫末之益，真抓实干、不懈奋斗。

不出事是一种底线、一种坚守。不出事与能干事、干成事、干好事相辅相成。不出事是领导干部的底线，必须始终坚守。分析一些领导干部出事的原因，不论是因失职渎职而出事，还是因腐败而出事，都是对底线的触犯。习近平总书记深刻指出，要"让每一个干部都深刻懂得，当干部就必须付出更多辛劳、接受更严格的约束。没有这样的思想准备和觉悟，就不要进入干部队伍"。当干部就要正确行使权力，依法用权、秉公用权、廉洁用权，处理好公与私、义与利、是与非、法与情、清与亲、廉与腐、俭与奢、苦与乐、得与失的关系；要自觉接受监督，严格要求自己，明大德、守公德、严私德，把好权力关、金钱关、美色关，做到清清白白做人、干干净净做事、坦坦荡荡为官。

52 在实践中得出结论，从经验中引出规律

实践是达到工作效果的重要过程，经验是提升工作实效的重要来源，不断开展实践、不断总结经验，才能使工作质量螺旋式上升、波浪式前进，进而不断升华，以实干取得实效。现实中，一些干部不注重实践、不善于总结经验，经常在同一个问题上绊倒两次，既影响工作，也影响个人成长进步。领导干部要把在实践中得出结论、从经验中引出规律作为提高个人能力素质的重要途径，善于从实践中总结提升、查找方法和规律，善于从经验中总结反思、找寻不足、发现短板，只有这样，才能提升自己的工作能力和找准方法。

实践是最好的课堂，实践最能出真知。实践观点是马克思主义哲学的核心观点，我们党历来重视实践，毛泽东思想、邓小平理论、"三个代表"重要思想、科学发展观、习近平新时代中国特色社会主义思想等党的理论都是在实践的基础上产生的。实践是学习

党的理论知识和增长才干的必然途径。领导干部只有把党的理论知识用于实践，才能真正将其学深悟透，才能成长成才。纸上得来终觉浅，绝知此事要躬行。我们提倡学习党的理论知识，并不只是单纯地阅读党的理论著作，更重要的是要用于实践。单纯地阅读党的理论著作，不将其运用于实践，阅读的也只是一纸空文，并不能算是学习，更不可能全面进步发展。领导干部要积极主动实践，脚踏实地，埋头苦干，自觉经风雨、见世面、壮筋骨、长才干，学会做具体工作，对一些特别重要的事情更要牢牢抓在手上，亲自参与分析研究、亲自掌控推动过程、亲自抓好督查落实，亲力亲为，真抓实干，争当改革的促进派、创业的实干家，通过实践增阅历、增才干。

经验是最好的老师，经验可以出灼见。经验是人们在同客观事物直接接触的过程中通过感觉器官获得的关于客观事物的现象和外部联系的认识，是客观事物在人们头脑中的反映，也是认识的开端。毛泽东同志曾说，"我是靠总结经验吃饭的"，我们要在战争中学习战争。领导干部唯有多思考、多总结、多找规律，才能科学有效地为政，努力做到善政。大总结大收获，善于利用经验者，能够不断让感性认识升华、发展，最终指导实践、取得实效。领导干部只有学会在事后进行回顾梳理、分析总结，既总结自己的经验，又总结别人的经验，既总结正面经验，又总结反面经验，才能对取得的成绩进行肯定进而得出经验，对失败和错误深入检查，找出原因，进而举一反三、得出规律、以利再战。要坚持用发展的眼光看问题，在总结经验中提高认识和运用客观规律的水平，顺应事物发展变化特点和趋势，善于把平时零碎、肤浅、表面的感性认识，上升为全面、系统、本质的理性认识，使思想和行动不落后、不超越、不偏离客观实际，切实增强工作针对性和有效性，避免二过，不断实现个人能力、素质的提高。

53 铁肩膀是压出来、磨出来的，硬本领是干出来、拼出来的

人在社会上立足，靠的是能力本领，没有能力本领，什么也做不了。建设社会主义现代化强国，不可能都是平坦的大道，还会遇到各种艰难险阻。习近平总书记深刻指出："领导干部不仅要有担当的宽肩膀，还得有成事的真本领。"把宏伟蓝图变成现实，把伟大梦想变成真实，需要领导干部不断努力锻造铁肩膀、锤炼硬本领。

铁肩担道义，压力出动力，磨难之后见光芒。铁肩膀彰显的是一种敢打必胜的信念、一种攻无不克的能力、一种敢闯敢干的作风。有了铁肩膀，才能敢于担当、不辱使命，才能不畏艰险、挑起重担。面对新的历史使命，逃避躲闪不行，拈轻怕重不行。只有"担子拣重的挑""越是艰险越向前"，才能在尽职尽责中锻造担使命的血性和胆气。然而，铁肩膀并非与生俱来。天才只属于奇迹，平凡人走向成功，依然离不开"苦其心志，劳其筋骨，饿其体肤，空乏其身……增益其所不能"的历练。作家莫言如果没有"几十年如一日"的笔耕不辍，恐怕很难成为诺贝尔文学奖的获得者。领导

干部要善于算大账，坚持把学到本领当作大便宜，不讲分内分外，不计名利得失，在矛盾和问题面前敢抓敢管、敢于碰硬，面对重大原则问题立场坚定、旗帜鲜明，面对改革发展问题迎难而上、攻坚克难，面对急难险重任务豁得出来、顶得上去，在苦干实干中把压力当动力、激发出能力，用勤勉肯干、踏实能干、紧张快干、真抓实干全方位检验和磨砺自己，不断增强能力水平，练就不惧任何艰难险阻的铁肩膀。

干出来的本领，拼出来的才干，风雨之后见彩虹。绳短不能汲深井，浅水难以负大舟。艰难险阻是前进中的必然、发展中的必然、伟大征程中的必然。在前进道路上，我们面临的考验和风险一点也不会比过去少，只会越来越复杂，必须具备敢动真碰硬、能攻坚克难的硬本领，才能面对大是大非敢于亮剑、面对矛盾敢于迎难而上、面对危机敢于挺身而出、面对失误敢于承担责任、面对歪风邪气敢于坚决斗争，才能赢得一个又一个胜利。领导干部唯有补齐本领上的短板、能力上的不足，为了党的事业、人民的利益，该做的事顶着压力干，该负的责冒着风险担，以担当为荣、以担当为责、以担当为能，才能把既定的行动纲领、战略目标、工作蓝图变为现实。锻造过硬本领，要有专业精神，干一行爱一行，钻一行精一行，做到专心、专注、专一；要有专业能力，有解决问题、破解难题的专业思维、专业知识和专业方法，对症下药，精准施策；要有专业作风，深入调查研究，把存在的矛盾和困难摸清摸透，精心研究、做实做好，使自己的能力素质始终与岗位责任相匹配。

54 擦亮一双远见的"长眼光",磨炼一副担当的"宽肩膀",练就一套成事的"真本领"

看得到、扛得了、做得好,是决定干事创业成效的三个重要因素。"看得到",就是看得清方向、看得见机遇、看得出风险、看得准关键,这是正确做事的前提。"扛得了",就是顶得住压力、扛得住重担、打得了硬仗、经得住磨难,这是积极做事的条件。"做得好",就是有干事之能、驭事之方、成事之法,这是善于做事的保证。

宜未雨而绸缪,毋临渴而掘井。不谋长远不足谋一时,领导就是预见。毛泽东同志指出:"什么叫做领导?领导和预见有什么关系?预见就是预先看到前途趋向。如果没有预见,叫不叫领导?我说不叫领导。"领导领导,领而导之。身在领导岗位,能不能真正发挥好领帅作用,能不能实施有效指导,其中一个关键就在于是否具有高超的谋划决策水平,而具备远见的"长眼光",就是科学谋划决策的先决。领导干部只有善于"放眼世界,放眼未来,也放眼当前,放眼一切方面",从全局、宏观、长远上认识和把握问题,善于从细微处看到大变化,从繁杂问题中把握事物的规律性,从苗头问题中发现事物的倾向性,才能科学预判趋势、预见大势、预知走势,从而作出科学决策,真正做到"运筹帷幄之中,决胜千里之外"。

创业艰难百战多,大事难事看担当。习近平总书记强调,干部敢于担当作为,既是政治品格,也是从政本分。敢于担当是共产党人的政治品格，也是我们党对领导干部的一贯要求。担当的大小，体现着干部的胸怀、勇气、格调；担当的程度，决定着干部干事的态度、行动的力度。敢担当者有勇，能担当者有谋，善担当者有为。搞改革、谋发展，比认识更重要的是决心，比方法更关键的是担当。领导干部铁肩担当，做工作就会尽己所能、倾力而为，把工作当事业干、把事业当使命干，就不会甘于当"太平官""南郭官""撞钟官"。领导干部是一个地方、一个部门、一支队伍的"带头人"，"带头人"就要有能扛"千斤担"的硬气、能铸"千斤顶"的担当，以担当尽责为本，以干事创业为要，以造福一方为荣。

素质才是金刚钻，能力才是铁饭碗。习近平总书记强调："领导干部不仅要有担当的宽肩膀，还得有成事的真本领。"真担当要有真本事，本领是担当有为的客观保证，是把事情干成干好的关键。如果空有一腔担当的热血，却没有干事创业的"十八般武艺"，不仅成不了事，反而会让人觉得"金玉其外，败絮其中"。当领导干部，既要愿干、敢干，还要能担、善担。能力绝非天生，也无法一劳永逸、一蹴而就，是在持之以恒的知识更新、实践锻炼中练就的。必须不断增强"本领恐慌"，强化不提高本领就会不适应、不提高本领就是不负责、不提高本领就是不忠诚、不提高本领就会被淘汰的认识，切实增强学习新知识、掌握新本领的自觉性和紧迫感，坚持在研究状态下工作，要主动到基层去摔打、去"接地气"、去"墩墩苗"，全面提高领导能力和执政水平，使自己的能力素质跟上时代节拍、与岗位职责相匹配。

55 把吃苦当"吃补",把磨炼当财富,把挑战当机遇,一步一个脚印,一步一个台阶,上好基层这所大学校,读好实践这本无字书

习近平总书记青年时在梁家河的七年,闯过了跳蚤关、饮食关、劳动关、思想关,锤炼了百折不挠的顽强意志;在深入农村、接触农民、操持农活的过程中,他读懂了生活这门学问,读懂了中国这部大书,建立起与人民群众难舍难分的感情,厚植了为民情怀。领导干部要向习近平总书记学习,经受住重大实践的洗礼考验,培养果敢担当的优良作风,提高把控全局的能力素质;坚持在基层"冬练三九,夏练三伏",在艰苦的环境中练就本领,砥砺坚定顽强的意志品质。

实践是最好的熔炉,烈火炼真金。在干部的能力结构中,知识储备是基础,知识运用于实际工作的能效是关键。知识本质上就是认识,根本来源是实践;而知识运用于实际工作的过程,就是实践的过程。因此,干部能力的养成,根本途径在于实践,换句话说,干部的能力来自实践。领导干部作为党的事业的骨干,必须自觉投身实践,在实践中经受考验、接受锻炼,砥砺品质、增长才干、锤炼作风,不断提升自己。要坚持从实践中来,到实践中去,时刻弘扬脚踏实地、埋头苦干的优良传统,树立"有为才能有位,有位要更加有为"的思想,敢于知难而进、迎难而上,在急难险重的任务面前不乱阵脚、不当逃兵,平常时候看得出、关键时刻站得出、危难关头豁得出,把真抓实干的实践放在第一

位；要根据实践需要，跟上实践发展，主动丰富知识积累，优化知识结构，更新知识储备，并坚持在实践中不断积累经验，做到实践每向前发展一步，经验积累就要相应地前进一步，切实提升能力本领。

基层是最好的战场，一线一定长才干。"宰相必起于州郡，猛将必发于卒伍。"习近平总书记强调："地方尤其是基层一线是领导干部了解实际、向广大群众学习的好课堂，也是领导干部磨砺作风、提高素质的大考场。"基层是干部锻炼成长的最好课堂，群众是最好的老师。如果一个干部从"校门"直接进了"机关门"，即便有很强的才华能力，脑中也画不出群众的脸谱，写出的文章空洞无物，作出的决策脱离实际，解决不了基层的问题。只有深入基层，才能增强对基层生活的感知，对基层群众的关爱，对基层艰辛事务的了解，像焦裕禄、杨善洲、孔繁森、廖俊波等人民的优秀基层干部一样，积累人生宝贵经历，实现人生的价值。领导干部要做国情的"亲历者"，积极发挥"天线"作用，以实干苦干的工作态度，千方百计打通服务群众的"最后一公里"，让各项方针政策落地，续写"亲历者"的光荣；要甘当群众的"学生"，既宣传教育群众，又虚心学习人民群众高尚的品格、聪明的智慧和宝贵的经验，学习吃苦耐劳、艰苦奋斗、踏实创业的精神；要磨砺精神意志，彻底摒弃"混基层""攒经历"的"镀金"思想，以迎难而上、苦中作乐的勇气，积极投身矛盾困难最多的地方，在艰苦环境中丰富人生阅历，在困难挫折中砥砺坚强的性格和意志，为民办实事、解难事，让党放心、让群众满意。

56 把做难事当作检验能力素质的试金石，把做难事当作提高全面素质的磨刀石

金一南有一句名言："做有心人，干困难事，立大格局。"在他看来，每个人只有勇于干困难事，才能检验自己的成色，倒逼自己的潜能，从而不断进步、不断成长。鲁迅先生说过："真正的勇士，敢于直面惨淡的人生，敢于正视淋漓的鲜血。"困难是试金石，鉴别出好干部；困难是磨刀石，造就出好干部。当领导干部就不能害怕困难，而是要积极面对困难。

相信任何困难的出现都是为了锻炼自己。东汉名将虞诩说过："志不求易，事不避难，臣之职也！不遇盘根错节，何以别利器乎？"就是说，困难是辨别"利器"的途径。毛泽东同志曾说，"我们共产党人是以不怕困难著名的"，"种种困难，遇到共产党人，它们就只好退却"。邓小平同志曾说："困难一定要克服，共产党员的特点是越困难越有劲、越团结。"领导干部干事创业遇到困难是在所难免的。面对困难和矛盾，要么勇往直前，始终保持一种坚韧不拔、百折不挠的斗志和锐气，要么被困难吓倒，犹豫畏难，碌碌无为。两种不同的表现，反映着不同的人生追求、价值取向、党性作风、责任担当。疾风知劲草，板荡识诚臣。在困难这面镜子前，一切伪装都无所遁形。那些遇到困难"击鼓传花"怕沾手、"躲"字当头、"推"字当先的人，那些遇到矛盾绕道走、不敢接"烫手山芋"、不敢定事作决断的人，不配当干部。我们现在所处的正是一个愈进愈难、愈进愈险而又不进则退、非进不可的时代，越是在这

样的时候，就越是需要领导干部走出舒适区，激发"在困难面前逞英雄"的精气神，自觉接受艰难困苦的检验。

那些杀不死我们的，终将让我们更加强大。这是德国哲学家尼采的一句名言。唯其磨砺，始得玉成。习近平总书记指出，"奋斗是艰辛的，艰难困苦、玉汝于成，没有艰辛就不是真正的奋斗，我们要勇于在艰苦奋斗中净化灵魂、磨砺意志、坚定信念"，"要坚持在重大斗争中磨砺，越是困难大、矛盾多的地方，越是形势严峻、情况复杂的时候，越能练胆魄、磨意志、长才干"。志不求易者成，事不避难者进。困难看上去是可怕的，但从实践经验来看，人就是在不断战胜困难的过程中成长起来的。没有经历过让人挠头的事情，没有经过突发情况、复杂环境的锻炼，很难成为合格的领导干部。苦难是一所学校，是一个练兵场。领导干部每天都在矛盾中工作，只有勇敢地选择面对困难，以自找苦吃的精神，积极投身到困难矛盾最多的地方去，哪里有矛盾就去哪里，哪里矛盾最尖锐就铆在哪里，哪里矛盾最难处理就干在哪里，接一接"烫手山芋"，当几回"热锅上的蚂蚁"，才能在矛盾中磨出"真功夫"、练出"大心脏"。

57 不仅需要"独上高楼，望尽天涯路"的眼界，也需要"衣带渐宽终不悔，为伊消得人憔悴"的思考

习近平总书记指出，领导干部读书学习，首先，要有"望尽天涯路"那样志存高远的追求，有耐得住"昨夜西风凋碧树"的清冷和"独

上高楼"的寂寞，静下心来通读苦读；其次，要勤奋努力，刻苦钻研，舍得付出，百折不挠，下真功夫、苦功夫、细功夫，即使是"衣带渐宽"也"终不悔"，"人憔悴"也心甘情愿；再次，要坚持独立思考，学用结合，学有所悟，用有所得，要在学习和实践中"众里寻他千百度"，最终"蓦然回首"，在"灯火阑珊处"领悟真谛。学而不思则罔，思而不学则殆。领导干部增强本领，既要注重在学习中拓展眼界，更要注重研究思考，真正做到学有所悟、学有所获、学以致用。

目之所及，心之所向；眼界决定境界，格局决定结局。 眼界有两个方面的意义：一是指人们所见事物的范围，即认知的广度，也就是人的见识；二是指人们认识和判断事物的深度和高度。做任何事情，只有用足够的思想高度来认识事物，才能形成对事物的深刻认识，只有建立在对事物深刻认识的基础上进行实践，才能富有实效、取得成功。一个人有了宽广的眼界，就能心明眼亮，"不畏浮云遮望眼"，透过现象看清本质，从而找准前进的方向。具有宽广的眼界，基础在于博学。我国自古以来就强调，"多闻"才能"择其善而从之"，"多见"然后方能"识之"。当今社会，科技发展日新月异，知识更新一日千里。做好领导工作，要求领导干部不仅是从事某一行业的专家，具有深度的专业知识面，还要是杂家，具有较为广博的知识面。这就要求领导干部必须提高学习的能力，优化学习的方法，向书本学习，向实践学习，向群众学习，学出开阔的知识视野、历史眼界、哲学眼光。

学习可以没有纸笔，但却不能没有思考；读书是顺藤摸瓜的过程，思考则是摸瓜顺藤找根的过程。 学习要悟，悟而生慧。读书

学习的过程，实际上是一个不断思考认知的过程。书虽然不能直接帮你解决问题，却能给你一个更好的角度去思考问题。书本上的东西是别人的，要把它变为自己的，离不开思考；书本上的知识是死的，要把它变为活的，为我所用，同样离不开思考。思考是学习的深化，是认知的必然。爱因斯坦说："学习知识要善于思考，思考，再思考，我就是靠这个方法成为科学家的。"学习如果只是机械地阅读、被动地接受、简单地浏览，没有思考，人云亦云，再好的知识也难以吸收和消化。领导干部学习，要勤思，将"思"贯穿学习始终，学习掌握运用科学思维方法，多维度、多角度思考问题、发现问题、分析问题，熟读精思、反复揣摩，悟其意趣境界、风采神韵，提升科学思维能力，不断扩宽思维深度。要善思，尽可能把直觉与逻辑结合起来，用"思"来提升学习实效，用心用力、仔细钻研，悟出人生道理、悟出真知灼见，从而开茅塞、除陋习、得新知、长见识、养灵性、增智慧，努力形成自己的理念方法、思想建树。要透悟，悟其精髓、融会贯通，把零散变为系统、孤立变为联系、粗浅变为精深，最终转化为自己的思想财富。

58　提高"愿为"的思想觉悟，增强"善为"的实际本领，激发"有为"的内生动力

马克思曾说："作为确定的人，现实的人，你就有规定，就有使命，就有任务。"无论身处哪个岗位，担任何种职务，每个人都

要肩挑自己的担子，背负自己的责任。岗位就是责任，领导就要担当。习近平总书记强调："看一个领导干部，很重要的是看有没有责任感，有没有担当精神。"对领导干部来说，责任担当是为官的根本、从政的核心，"愿为"是一种思想觉悟，"善为"是一种能力本领，"有为"是一种责任使命，愿意作为、善于作为、有所作为，才是党和人民需要的好干部。

先有心动才有行动，自觉行动来自思想觉悟。人们无论做任何事情，都是先有思想、后有行动，思想决定行动，有正确的思想才有正确的行动，有积极的思想才有积极的行动，有统一的思想才有统一的行动。行动上的主动取决于思想上的进取，干事的行动自觉源于想干事的思想自觉。只有尽可能地把"愿为"的思想认识转化为习惯性的、自觉的行为，才能让这种自觉不知不觉成为自然。不论是职责所系，还是群众所盼、发展所需，都要求领导干部必须有"愿为"的主观意愿。必须牢记初心使命，坚定"一日无为、三日难安""干事光荣、避事可耻"的思想自觉，心系使命、扛起责任，兑现好"为官一任，造福一方"的誓言。

家有黄金用斗量，不如自己本领强。责重山岳，能者当之。本领是担当有为的客观保证，是把事情干成干好的关键。事业要发展、难关要攻克、风险要防范，要求领导干部必须有"善为"的几把刷子才行。如果空有一腔"愿为"的热血，却没有干事创业的真功夫，就会心有余而力不足，"善为"就成了粉饰面孔，就是无本之木、无源之水，不仅成不了事，甚至还会坏事。领导干部要增强能力不足的危机感和紧迫感，下大力气苦练内功，在摸爬滚打中增长才干，在层层历练中积累经验，全面提高领导能力和执政水平。

水不激不跃，人不激不奋。人激则志宏。管理学中的"鲇鱼效应"告诉我们，人的成长进步需要外部不断的激发，才能发挥自己的潜能，为持续奋斗提供强大的动力。对领导干部来说，来自组织的激励、群众的认可，能够激发出干事创业、担当作为的内生动力，使其迸发出超乎想象的能力，从而在困难和逆境中谋发展。领导干部要把担责有为作为一种动力，时刻衡量自己、检视自己、完善提高，始终保持干事创业、开拓进取的精气神，以"等不起"的紧迫感、"慢不得"的危机感、"坐不住"的责任感，善谋富民之策，多办利民之事，用实干之力开创卓越未来。

59　善于吃一堑长一智，由此及彼，举一反三，练就斗争的真本领、真功夫

斗争精神、斗争本领，不是与生俱来的，需要在斗争实践中不断总结、不断提高。只有加强斗争历练、总结斗争经验、把握斗争规律，才能增强斗争本领。干部要主动到复杂严峻的斗争中经风雨、见世面、壮筋骨、长才干，真正把自己锻造成为烈火真金。

回望是为了更好地前行，总结是为了更好地出发。毛泽东同志曾经向人们介绍他成功的"法宝"："我是靠总结经验吃饭的。"总结过去，规范当下，昭示未来。做任何工作，"收官"不意味着"收场"，总结不意味着"终结"。只有养成总结经验的习惯，学会总结

经验的本领，善于总结、经常反思，才能少吃亏、少走弯路、不断进步，更好地推进各项工作。斗争的实质是认识、分析、解决矛盾问题，促进事物向前发展的过程。斗争不是蛮干瞎干乱作为，也不是逞强好胜、争勇斗狠，更不是盲目冲动、不讲变通，它有内在规律和章法。领导干部只有善于总结斗争经验，把实践中零散的东西系统化，感性的东西理性化，历史的东西现实化，外来的东西本土化，才能认识规律、找准规律、把握规律，并以之指导实践、解决问题、推动工作。

在斗争中学会斗争，在斗争中成长提高。历经风霜雪雨，才能长成参天大树。重大斗争实践是干部成长的磨刀石。习近平总书记指出，现在，我们一些干部最缺的是实践经验，特别是缺少在重大斗争中经风雨、见世面的经历。他强调："要有组织、有计划地把干部放到重大斗争一线去真枪真刀磨砺，强弱项、补短板，学真本领，练真功夫。"领导干部要学懂弄通做实党的创新理论，掌握马克思主义立场观点方法，夯实敢于斗争、善于斗争的思想根基；要牢牢把握正确斗争方向，凡是危害中国共产党领导和我国社会主义制度的各种风险挑战，凡是危害我国主权、安全、发展利益的各种风险挑战，凡是危害我国核心利益和重大原则的各种风险挑战，凡是危害我国人民根本利益的各种风险挑战，凡是危害我国实现"两个一百年"奋斗目标、实现中华民族伟大复兴的各种风险挑战，都要坚决与之斗争；要坚持在重大斗争中磨砺，主动投身到各种斗争中去，在大是大非面前敢于亮剑，在矛盾冲突面前敢于迎难而上，在危机困难面前敢于挺身而出，在歪风邪气面前敢于坚决斗争；要讲求斗争艺术，抓住主要矛盾和矛盾的主要方面，坚持有理有利有节，把握时、度、效，团结一切可以团结的力量，调动一切积极因素，在斗争中争取团结，在斗争中谋求合作，在斗争中争取共赢。

60 事业因人才而兴，人才因事业而聚

千秋基业，人才为本。中华民族历来有尚贤爱才的优良传统。历朝历代，人才都是富国之本，兴邦大计。《诗经》有云"思皇多士，生此王国"，燕昭王筑"黄金台"招贤纳士，刘备"三顾茅庐"得诸葛亮，康有为疾呼"国势之强弱，系乎人才"。人才是第一资源，发展是第一要务。习近平总书记强调，"人才是实现民族振兴、赢得国际竞争主动的战略资源"，要"聚天下英才而用之"，"让各类人才的创造活力竞相迸发、聪明才智充分涌流"。进入新发展阶段，贯彻新发展理念，实现新发展格局，人才更是创新驱动之源，是推动产业结构调整、加快转变经济发展方式的核心力量。

功以才成，业由才广。人才是最具活力的发展要素，发展是造就人才的最大舞台，两者有机统一、相辅相成。习近平总书记指出："事业因人才而兴，人才因事业而聚。'人材者，求之则愈出，置之则愈匮。'"事业发展离不开人才的支撑，相对于资金、科技等要素，人才在经济社会发展中具有基础性、战略性、先导性作用，事业发展所需的一切资源，如果没有人才去掌握、去应用、去创造，就不能充分发挥作用。人才成长离不开个人的天赋和努力，

更需要在事业发展机遇和舞台中锻炼造就，离开事业，发展就失去了成长的沃土。只有把论文写在事业的沃土上，才能根深叶茂成长成才，否则顶多是挂着人才"花瓶"的皮囊饭桶。用好用活各类人才，既是经济社会发展的现实需要，也是人才自身发展的迫切愿望。

发现人才是水平，培育人才是已任。为政之要，莫先于用人。当今世界，综合国力竞争说到底是人才竞争。国以才立，政以才治，业以才兴。多士成大业，群贤济弘绩。新时代党的组织路线，吹响"着力集聚爱国奉献的各方面优秀人才"集结号。领导干部要以解放思想为先导，进一步开阔眼界、开阔思路、开阔胸襟，有识才的慧眼、爱才的诚意、用才的胆识、容才的雅量、聚才的良方，以"急需紧缺"为导向引进人才，以"提升才干"为目标培养人才，以"海纳百川"的胸怀挽留人才，以"激发活力"为根本用好人才，激活人才发展和事业发展的"一池春水"。

凤飞千仞，非梧不栖。习近平总书记指出："环境好，则人才聚、事业兴；环境不好，则人才散、事业衰。"人才以用为本，但凡人才，最大的愿望是有所成就，最大的顾虑是"英雄无用武之地"。得人才者得天下，得人心者得人才。习近平总书记指出："懂人才是大学问，聚人才是大本事，用人才是大智慧。"越是"高精尖缺"高层次人才，越是看重事业的发展、人格的尊重、环境的优良。领导干部要重视通过情感投入和人文关怀来引进人才，充分发挥磁场效应，让政策的"梧桐树"引来"金凤凰"；要为优秀人才厚植成长的沃土，用事业的舞台和广阔前景留住人才、成就人才，

让他们的雄心得到安顿、智慧得以闪光、才华得以施展。

61 懂团结是大智慧，会团结是大本事，真团结是大境界

《孟子》云："天时不如地利，地利不如人和。"这里的"人和"就是团结。人作为社会人，人与人之间就必然相互联系、相互协作、相互配合，这是客观的，是由人的社会性所决定的。团结是人与人联合一致、紧密合作、和睦相处而产生的一种精神，它能使人们集中力量实现共同理想或完成共同任务。家和万事兴，人心齐泰山移。历史实践告诉我们，团结是力量之源、是成功之基、是一切工作成功与否的关键所在。习近平总书记曾说："懂团结是真聪明，会团结是真本领。团结出凝聚力，出战斗力，出新的生产力，也出干部。"对于领导干部来说，团结是一种品格、一种觉悟、一种责任、一种才能、一种心态、一种境界，要像爱护眼睛一样爱护团结，像珍惜生命一样珍惜团结。

讲团结就是讲政治。讲团结是中华民族的传统美德和精神瑰宝，是我们克敌制胜的有效法宝。党的团结和统一，是中国共产党执政的一面旗帜。马克思主义的一个基本原则，就是在党的思想上政治上维护和加强党团结统一。团结就是大局，团结就是力量。毛泽东同志曾说："军民团结如一人，试看天下谁能敌。"习近平总书记曾说："团结是班子建设的重要问题，讲团结是讲政治、顾大局的表现。"一个班子团结和谐，才能成合力、出成果、出人才。领导干

部讲政治，就要讲团结，打好"团结牌"，共筑中国梦。就班子的"班长"而言，要统揽不包揽、善断不武断、信任不放任、大度不失度，尊重不同意见，最大限度地把各方面的积极性调动起来；就班子"成员"而言，要到位不越位、服从不盲从、补台不拆台、分工不分家，既做好分管工作，又要维护集体领导，保证思想上同心、目标上同向、行动上同步、事业上同干。

要团结决不要"结团"。讲团结是班子成员在共同理想信念、共同目标和共同利益基础上建立起来的一种顾全大局、互相配合的优秀品质和精神状态。邓小平同志指出："我们这么大一个国家，怎样才能团结起来、组织起来呢？一靠理想，二靠纪律。组织起来就有力量。"领导干部讲团结要分清公私边界，抛开私心杂念，敬守纪律规矩，始终从大局出发，从有利于工作和人民群众利益出发，同心同向发力，在团结协作中扬长避短、优势互补，对发展敢于担当，对错误勇于担责，相互关心帮助，相互搭台补台，将心比心、换位思考。讲团结决不能放弃原则底线，"和稀泥"当好好先生；决不能推诿扯皮、贪功诿过，明争暗斗、拔河内耗，唯我独尊、唱独角戏；决不能变味搞"结团"，人与人之间做选择题、搞人身依附、拉帮结派，钻圈子、拉山头、攀高枝、抱大腿、结党营私。

敢斗争才有真团结。毛泽东同志指出，我们"从团结的愿望出发，经过批评或者斗争使矛盾得到解决，从而在新的基础上达到新的团结"。没有矛盾解决就没有发展，没有斗争碰撞就没有进步，团结的过程就是一个碰撞斗争到交融统一的反复过程。领导干部要严格落实民主集中制这个团结的法宝，坚持民主基础上的集中和集中指导下的民主相结合，以"团结—批评—团结"的方法，将班子成员凝聚成团结的战斗集体，做到相互沟通提醒、相互体谅扶持，大事讲原则、小事讲风格，找到最大公约数、画出最大同心圆；要正确处理求同与存异的关系，敢于讲真情说实话、敢于批评争论，不怕意见有分歧，事事出以公心、和而不同；要用够用好批评与自我批评这个强身治病的武器，敢于斗争、勇于刀刃向内，做到讲问题不讲成绩、讲客观不讲主观、讲实话不讲空话、讲要害不讲枝节，本着对自己、对同志、对班子高度负责的态度，出于诚心，真刀真枪地解决问题。

62 能够善待不太喜欢的人，并不代表你虚伪，而是意味着你内心成熟到可以容纳这些不喜欢

子曰："唯仁者能好人，能恶人。"有仁德的人才能正确地喜爱人，才能正确地厌恶人。人与人之间最根本的差异是价值观的差异。对相同的事物，价值观不同，衡量的标准不同，得出的结论就不一样，自然有的人喜欢，有的人不太喜欢。对不太喜欢的人，是包容还是挑剔，反映出一个人的修养、气度和德行。"君子贤而能容罢，知而能容愚，博而能容浅，粹而能容杂。"领导干部要胸怀开阔，大度地对待人和事。

包容是一种格局，厚道是一种智慧。俗话说，事事不能太精，太精无路；待人不能太苛，太苛无友。包涵容忍是待人的第一法。法国作家雨果说："世界上最大的是海洋，比海洋大的是天空，比

天空大的是胸怀。"包容别人，特别是包容不太喜欢的人，体现了一个人博大的胸襟。《吕氏春秋》中有个"外举不避仇"的故事，说的是晋平公问祁黄羊："南阳地方没有郡令，谁适合去补这个缺？"祁黄羊回答："解狐适宜。"平公说："解狐不是你的仇人吗？"他回答："您问的是谁适宜，并不是问谁是我的仇人呀。"推荐仇人，体现了祁黄羊博大的胸襟。人们最容易犯的错误就是混淆了喜欢不喜欢和对不对。喜欢不喜欢是一回事，对不对是另一回事。喜欢的不等于就是对的，不喜欢的也不等于就是错的。如果被喜欢不喜欢蒙蔽了双眼，就不能正确判断对与错。只有包容了不喜欢，才能理性地作出对与错的判断。领导干部遇到不喜欢的人，要多想想自己为什么不喜欢他，对这些不喜欢的理由进行理性分析，哪些是站得住脚的，哪些是毫无来由的，多一分理解、接纳和尊重，试着宽容和善待他人。

宽以待人得快乐，赠人玫瑰有余香。包容力是一个人心胸的开阔度以及对事物的心理承受能力和容纳能力。包容力的大小影响事业成就的大小。蓝天包容每一片云彩，故能成就绚丽多姿；高山包容每一块岩石，故能成就雄伟壮观；大海包容每一朵浪花，故能成就浩瀚无涯。齐桓公不记一箭之仇重用管仲，成就春秋霸业；李世民重用政敌重臣魏征，创造了唐朝的辉煌。《汉书·五行志下》有云："上不宽大包容臣下，则不能居圣位。"包容力是重要的领导力。提高包容力，要修炼宽广胸襟，树立远大的理想和人生追求，胸怀人民、胸怀国家、胸怀天下，加强党性修养，坚定理想信念，提升道德境界，追求高尚情操；要坚持事业为上，任人唯贤、唯才是举，知人善任、用其所长，不以好恶取人，不以亲疏用人，容人之短、容人之长，容人之功、容人之过，容人之异、容人之逆。当然，包容不是和稀泥、当老好人，要防止你好我好大家好的"庸俗化"包容、不讲原则随波逐流的"表面化"包容、拉帮结派搞小圈子的"狭隘化"包容。

63 鲜明导向引领，充分激发干部"内驱力"；注重依事择人，着力提升岗位"匹配度"；突出严管厚爱，大力提振干部"精气神"

治国之要，首在用人；用人干事，重在导向。选什么人、用什么人，事关党和国家前途，关乎人民群众福祉。担当新时代新阶段的历史使命，离不开一大批忠诚干净担当的好干部，必须有鲜明正确的用人导向，使选出来的干部德配其位、才配其位，大力激发干部干事创业积极性。

用好一个人就能激活一大片。古人云："所任者得其人，则国家治、上下和、群臣亲、百姓附；所任者非其人，则国家危、上下乖、群臣怨、百姓乱。"习近平总书记反复强调要树立和坚持正确用人导向，深刻指出"用人导向最重要、最根本、也最管用"，"对干部最大的激励是正确用人导向"。用人导向正了，选出来的干部组织放心、群众满意、干部服气，见贤思齐就蔚然成风，歪风邪气就会无所遁形；用人导向不正，就会形成"劣币驱逐良币"的逆淘汰，涣散党心、凉了人心，政治生态就会弊病丛生，甚至遭到严重破坏。必须全面落实好干部标准，突出政治过硬、能力过硬、责任过硬、作风过硬、纪律过硬，切实把忠诚干净担当的好干部选出来、用起来。

多考虑"谁该用"而不是"该用谁"。党的干部是党和国家事业的中坚力量，宏伟的事业离不开高素质专业化的干部。只有把精准科学的理念贯彻干部工作始终，事业发展需要什么样的干部就积极选配什么样的干部，把合适的人用到合适的岗位上，做到人岗相适、人事相宜，才能使事业在优秀干部推动下兴旺发达，让干部在推动事业发展中健康成长。要把"研究人"和"研究事"结合起来：搞清楚事业需要什么样的人，岗位缺什么样的人；摸准一个干部最适合干什么、不适宜干什么，真正做到知事识人；要坚持依事择人，从符合条件的对象中看谁更优秀，从优秀对象中看谁更合适，不搞论资排辈、平衡照顾；要用当其时、用其所长，综合考虑干部的专业、经历、性格、气质与岗位匹配度，把干部用到最能发挥自身优势的岗位上。

信任代替不了监督，以严管厚爱促"勇为"。严管就是厚爱，厚爱必须严管。习近平总书记强调："要坚持严管和厚爱结合、激励和约束并重。"好干部是选拔出来的，也是管理出来的、激励出来的。管理不严，干部松松垮垮，甚至腐化变质，就是对干部不负责任。激励不足，干部缺乏动力，难以做到尽职尽责、竭诚服务。严管出战斗力和凝聚力，厚爱出向心力和创造力，严管和厚爱相结合，干部的精气神就能提振起来。要加强管理监督，把"八小时以内"和"八小时以外"管理贯通起来，健全完善管思想、管工作、管作风、管纪律的从严管理体系，管好关键人、管到关键处、管住关键事。要加强正向激励，建立上级为下级担当、组织为个人担当、干部为事业担当的机制，完善和落实政治上激励、工作上支持、待遇上保障、心理上关怀的具体措施，解决干部后顾之忧，调动干事创业积极性、主动性。

64　愿为"渡人梯"，乐作"嫁衣裳"，甘当"铺路石"

《尚书》有言："政贵有恒。"我们党百年奋斗的历程充分证明，只要始终坚守崇高理想、保持坚定信念，无论顺境还是逆境，就能够一代接着一代、一步一个脚印地干下去，宏伟目标就一定能实现。歌德说过，你要欣赏自己的价值，就得给世界增加价值。领导干部要树立正确的政绩观、价值观，以愿为"人梯"为荣、乐作"嫁衣"为幸、甘当"铺路石"为任，始终顾全大局、担当有为，淡泊名利、牺牲自我，成就他人、造福人民。

甘为人梯托青云，甘为人梯品自高。昨天是今天之基，前人是后人之梯。站在前人的梯子和巨人的肩膀上才能更好地前进。一个人追求什么样的政绩、如何追求政绩，就像镜子一样映照出为政者的境界和情怀。不同的政绩观往往会带来不同的施政行为和效果。习近平总书记强调，要牢固树立正确政绩观，既要做让老百姓看得见、摸得着、得实惠的实事，也要做为后人作铺垫、打基础、

利长远的好事，既要做显功，也要做潜功，不计较个人功名，追求人民群众的好口碑、历史沉淀之后真正的评价。钱学森不图名、不图利，费尽周折回国只为报国，为了让年轻人尽快成长，他见位就让，甘当人梯，把许多年轻科学家扶上马，还送了一程又一程，保证了我国航天事业的后继有人和持续发展。领导干部要做大事成大业，更要有这样的精神，善于抓班子带队伍，确保党和人民的事业一任接着一任干、一张蓝图绘到底。

前人苦栽树，后人好乘凉。采得百花成蜜后，为谁辛苦为谁甜。事业的发展，要靠几代人接续奋斗、共同努力。革命先辈们抛头颅、洒热血，为国家和平稳定发展撑起"一片绿荫"，创造了国富民安的辉煌成就。领导干部不仅要做传承者、"乘凉者"，而且要做"栽树者"，更要乐作"嫁衣裳"，为社会、为他人甘于付出、多作贡献。贯彻新发展理念，许多都是打基础的"栽树"工作，就是为了让后人来"乘凉"收获果实的。"政声人去后，民意闲谈中。"我们见到兰考泡桐，就会想起焦裕禄；到大亮山林场，就会想起杨善洲；看到东山满山木麻黄，就会想起谷文昌。领导干部如果没有"栽树"的思想自觉，没有作"嫁衣"的思想境界，到头来只有片面发展、功利发展，最终将会与"两个一百年"奋斗目标渐行渐远。当领导干部，就要有"功成不必在我"的胸怀，不贪一时之功，不图一时之名，栽好长远发展之"树"、为民福祉之"树"、造福子孙之"树"。

勇当开路先锋，甘当铺路石子。默默无闻地承受压力、不屈不挠甘心奉献，这是铺路石的价值。一个人的价值不在于在什么样的工作岗位上，不在于他得到了什么，而在于他奉献了什么，在于他在平凡的工作岗位上实现了什么样的价值。领导干部要正确处理好组织与个人、思想与行动的关系，正确认知自我、检视自身，潜下心来履职尽责，把干事留给自己，升迁交给组织；要多做"铺路石"工作，甘为发展铺路，甘为改革铺路，甘为稳定铺路，既要注重近期效益，更要致力于长远发展，不断促转型、增后劲，强基层、打基础，惠民生、促和谐，为走好中国特色社会主义道路、实现"第二个百年"奋斗目标奠定坚实基础。

65 把最优秀的干部放到最重要的岗位上，把最能拼的干部派到最关键的战场上

在战争年代，谁能打仗、打胜仗谁就上，而不是考虑谁的资历老、级别高谁才上。习近平总书记强调，事业发展需要什么样的人就用什么样的人，什么样的人最合适就选什么样的人。步入新时代新阶段，建设高素质专业化干部队伍，要坚持事业为上、依事择人，从党的事业、工作需要出发选干部、配班子，为事业选、为事业用，切实把最优秀的干部放到最重要的岗位上，把最能拼的干部派到最关键的战场上。

好钢就要用在刀刃上，把最放心的人放在最不放心的岗位上。 司马光提出"凡用人之道，采之欲博，辨之欲精，使之欲适，任之欲专"。贯彻新时代党的组织路线，落实新时代好干部标准，必

须从党和国家事业发展的"需求侧"着眼，从干部人才培养选拔使用的"供给侧"发力，坚持事业为上、以事择人。习近平总书记强调，要围绕事业发展需要配班子用干部，及时把那些愿干事、真干事、干成事的干部发现出来、任用起来。干部出色不出色，实践实战是试金石。领导干部要坚持在"赛马场"中"相马""选马"，优中选优，选准优秀干部，及时大胆选拔使用政治过硬、肩膀过硬、能力过硬、业绩过硬的干部，让干部切身感受到只要愿干事、真干事、干成事，只要担当作为、冲锋陷阵，就一定有舞台、有奔头。

千锤百炼始成钢，把最有潜力的人放在最艰苦的岗位上。"速生树"材质疏松，是做不了扁担的，软肩膀更挑不起硬担子。"盖有非常之功，必待非常之人。"改革攻坚越是任务重、困难多、矛盾大、涉及面广，越需要政治过硬、本领高强的人。千钧重担压身，才能真刀真枪磨砺。领导干部要有"越是艰险越向前"的干劲和勇气，向大事、难事、急事请战，明知山有虎，偏向虎山行，敢于亮剑、敢打敢拼，在经受磨砺锻炼中百炼成钢、堪当大任；要多扛活、多担担子，主动到基层一线、艰苦环境中"墩墩苗"、吃吃苦，到问题集中、矛盾复杂的地方和吃劲的岗位，在应对处理各种矛盾挑战的斗争中积累经验、增长才干；要不怕苦、不怕累，千磨万击、攻坚克难，在苦其心志、劳其筋骨斗争中增长政治阅历、实现人生价值。

66 为担当者担当，为负责者负责，让吃苦者不吃亏，让有为者有位，为有担当者赋予重任，为敢作为者提供舞台，让敢闯肯干的优秀干部真正找到成就感、荣誉感、归属感与获得感

党的十九大强调，要"旗帜鲜明为那些敢于担当、踏实做事、不谋私利的干部撑腰鼓劲"。《党政领导干部选拔任用工作条例》也对此作出了明确规定。干部为事业担当是前提，组织为干部担当是保证，两者是相互依存、相互促进、相互统一的，最终的目的是为事业担当。但是，其中起牵引作用的还是组织为干部担当，只有组织为干部担当，干部为事业担当才会动力倍增、勇往直前。

上级为下级担当、组织为个人担当、干部为事业担当。激励干部担当作为，是我们党的优良传统。在我们党长期的革命、建设和改革实践中，党组织始终把激励干部担当作为摆在重要位置，选拔重用了一批又一批敢于担当的优秀干部砥砺前行、接续奋斗。当前，我们正面临中华民族伟大复兴的战略全局和世界百年未有之大变局，正处于实现"两个一百年"奋斗目标的关键时期，在前进的道路上还会遇到各种意想不到的困难和问题，这就要求党组织必须不断提振广大干部的精气神，进一步激励广大干部在圆梦的道路上担当奋进、改革图强。新时代呼唤新使命，新使命需要新担当。党组织应进一步支持改革者，鼓励创新者，宽容失败者，替有为者"站好台"，给奋进者"定心丸"，送搏击者"护身符"。当然，组织为干部担当不是无条件的，更不是无原则的，而是要以干部为事业

担当为前提的。

旗帜鲜明支持担当者，大胆选拔任用担当者。提高领导干部的担当精神，既靠领导干部自身历练，也靠组织的用人导向、制度设计、环境熏陶。要树立正确用人导向，把敢于担当作为选人用人的重要导向，把担当干事作为考察识别干部、评判优劣、奖惩升降的重要标准，坚持好干部标准，突出信念过硬、政治过硬、责任过硬、能力过硬、作风过硬，大力选拔敢于负责、勇于担当、善于作为、实绩突出的干部，让更多敢于担当的干部脱颖而出；要加强制度设计，健全干部教育培训、考核评价、责任追究、容错纠错等制度机制，提高干部担当作为的底气和勇气，对在重大事项和关键时刻放弃担当的领导干部严肃问责，严格执行"三个区分开来"为勇于干事创业的干部免除后顾之忧；要积极营造氛围，大力宣传改革创新、干事创业的先进典型，激励广大干部见贤思齐、奋发有为，积极营造担当可贵、担当光荣的良好社会氛围。

第四篇

明事理
要有守正创新　知行合一的谋事观

67 成长无法抄近道，成功没有短平快

《考工记》中说，打造一把良弓需历时一年，经过"冬析干而春液角，夏治筋，秋合三材，寒奠体，冰析灂"的复杂过程。倘若急于求成、省略任何一个步骤，制作出来的弓就会"斫挚不中，胶之不均"，影响品质。世上任何事情都没有速成的捷径。想要成长成才、成就事业，都需要一步一步脚踏实地地去经历、去体验，并且在过程中收获经验与才干。当干部，也唯有经受意志定力、耐心耐力、担当精神等考验，方能成为优秀人才，成就一番事业。

水之积不厚，则负大舟无力。干部好比树苗，成长成才也是有规律的，必然要经过墩苗历练。习近平总书记指出："干部成长无捷径可走，经风雨、见世面才能壮筋骨、长才干。"干部的党性修养、道德水平、能力素质，不会随着党龄的增长而自然提高，也不会随着职务的升迁而自然提高，只有不断地积累知识、积累经验、积累能力，才能更坚强、更有实力、更立得住。现实中有的干部学历高、素质好，面对千头万绪、复杂烦琐的工作，面对反反复复、

来来回回的程序，认为"存在感"不强、"价值感"较弱，甚至抱怨"大材小用""怀才不遇"。殊不知，不做一些"蝇头小事"，不当几回"热锅上的蚂蚁"，不接几次"烫手的山芋"，甘于混日子、做太平官，目高于顶、挑肥拣瘦，热衷于搞自我设计那一套，就不可能潜心钻研、激发潜能、磨砺本领，就容易心浮气躁、影响工作质量，甚至导致心态失衡、一事无成。

多经事方能成大事，犯其难方能图其远。"不登高山，不知天之高也；不临深溪，不知地之厚也。"平时多给自己压担子，关键时刻才能挑起更重的担子。与其急功近利、为焦虑所困，莫如跟时间做朋友，涵养久久为功的心态，锤炼实干苦干的硬功。新时代需要新担当新作为，当干部要争当为民服务"孺子牛"，永葆初心、牢记使命，始终把人民放在心中最高位置，时刻保持党同人民群众的血肉联系，多为群众办实事、解难事，用自己的"辛苦指数"换来群众的"幸福指数"；要争当创新发展"拓荒牛"，敢于打破常规，敢于挑战自我，勤于探索、勇于实践、锐意进取，不满足于现有的成绩，以更高标准、更高效率、更高质量推进各项工作，百尺竿头更进一步；要争当艰苦奋斗"老黄牛"，坚持说实话、谋实事、出实招、求实效，以钉钉子的精神做实做细各项工作，耐得住寂寞、守得住清贫，一茬接着一茬干，一张蓝图绘到底，把党和人民的事业长长久久推进下去。

68 学会等待，学会坚持，成功是一个循序渐进的过程

人生需要耐心和等待，在等待中煎熬，在等待中获取所求，在等待中成就，在等待中喜悦。福建省东山县原县委书记谷文昌在任时默默奉献、坚持不懈，带领当地干部群众通过十几年的努力，在沿海建成了一道惠及子孙后代的防护林。谷文昌种树，可能难以立即看到成效，但坚持了几十年，最终取得了效果。他成为老百姓心中一座不朽的丰碑，如今的东山成为一个美丽富饶的生态岛，"先祭谷公，后祭祖宗"也在当地相沿成习。事物的终结有一个积累过程，工作和学习也是一样的，只要不断地努力、积累，最终一定能收获成果。当干部，就要善于在坚定、镇定、淡定中韬光养晦、蓄积能量。

万石谷粒粒积累，千丈布根根织成。古人云，"锲而不舍，金石可镂；锲而舍之，朽木不折"。任何伟大理想的实现都是一点一滴堆砌筑造而来，不要轻视每一个细微的改进，更不要忽视每一份平凡的付出。古今能成大事者，皆为孜孜不倦、上下求索之人，他们不像一般人那样没做一点动作就掂量比对着距离成功还有多远，久而久之看不到结果便变得浮躁起来，没有了干劲，失去了耐心。如果总是沉不下心做事，总想早早看到结果，最好是一步登天，最终往往都是竹篮打水。青年马克思立志要为共产主义事业奋斗终生，但若没有大英图书馆里那个日夜手不释卷的身影，若没有几十年的笔耕不辍，《资本论》的横空出世，恐怕也只能是一个遥远的梦想。荀子《劝学》有云："不积跬步无以至千里，不积小流无以成江海。"

领导干部无论是做人还是做事，无论是自我提升还是工作事业，都贵在坚持二字。懂得坚持，就能厚积薄发，为未来打下厚实的基础。

既要仰望星空，更要脚踏实地。习近平总书记指出："不能只热衷于做'质变'的突破工作，而要注重做'量变'的积累工作。"当干部要稳得住心神、耐得住寂寞，甘于平淡、甘于寂寞，坐得住冷板凳，坚守岗位、勤奋敬业，不为难所屈，不为危所乱，不贪一时之功、不图一时之名，做好该做的事，把全部精力用到事业上、工作中；要注重"量"的积累，既注重在学习中积累，也注重在实践中积累，加强理论武装，练就过硬本领，自觉到最艰苦、最艰险的基层一线、困难一线、问题一线"墩墩苗"，不断积累知识、积累经验，积蓄力量、汲取营养；要珍惜时间、敬业奉献，把工作摆进去、把职责摆进去、把自己摆进去，坚持在努力中补短板、强弱项、增才干，干什么学什么，缺什么补什么，不断地学习积累，不断地实践磨砺，不断地自我净化、自我革新、自我完善、自我提高，真正练就人无我有、人有我优、人优我强的硬实力，成为一名组织满意、群众放心的有实力有信心的好干部。

69 在应对变局中开新局，在守正创新中担使命

习近平总书记指出："进入新发展阶段，国内外环境的深刻变化既带来一系列新机遇，也带来一系列新挑战，是危机并存、危中有机、危可转机。"需要把握矛盾运动规律，守正创新、开拓创

新，更加积极有效应对不稳定不确定因素。当前，世界百年未有之大变局加速演进，这为中华民族伟大复兴战略全局带来了新的发展机遇、生长空间、资源条件，同时也带来了新的外部环境风险。领导干部必须不断增强机遇意识和风险意识，坚持守正与创新相统一，勇于开顶风船，善于转危为机，坚决打好应对变局、开拓新局主动战。

彩虹和风雨共生，机遇和挑战并存。古人云："谋先事则昌，事先谋则亡。"谋大事必先观大势，开新局必先知变局。从自然界的演变过程看，危机和变局每每催生和促进着物种进化，许多物种正是在自然界的变局中克服了旧的生存方式之危而获得了新的生存进化之机。从人类社会的发展历程看，每一次危机和变局的发生，几乎都是加快发展转型、推动改革创新、实现自我超越的重要契机和重大转折点。这些都充分证明，危机和变局客观存在、不容回避，关键是怎么看、怎么办。孤立、静止、片面地看，只见危机和变局，不见新机和新局，难免陷入迷茫、悲观之中而无所作为。全面、辩证、长远地看，就会发现危机中往往蕴藏着新机，变局中常常包含着新局。在危机中育新机、于变局中开新局，考验的是智慧也是勇气，是能力也是精神，需要我们矢志不渝、迎难而上，发扬斗争精神、增强斗争本领。必须提高和风险共舞能力，下先手棋、想长远事，把存在的挑战分析透、应对好，把面临的机遇搞明白、把握住，以识变之智攻重点，以应变之方治痛点，以求变之勇破难点，努力在构建新发展格局中走前列、作示范。

"守正"是根，"创新"是芽。守正是基础、是前提、是保障，是第一位的，解决的是去哪里的问题。创新是动力、是能力、是守正的实现路径，解决的是怎么去的问题。没有守正，工作就会失去方向；没有创新，工作就会故步自封。守正与创新，哪一个方面都不能偏废，只有创新才能实现更好地守正。领导工作首先是政治工作，衡量工作的成效，既要看是否推动了发展、取得了成效，又要看是否把稳了政治方向、坚守了党性原则。坚持守正创新，不仅是技术要求，更是政治要求；不仅是业务素养，更是政治素养。面对多元化社会思潮的巨大冲击、经济社会发展深刻变革带来的严峻挑战，领导干部必须坚持以守正促创新，坚定正确政治方向，心怀"国之大者"，不断提高政治判断力、政治领悟力、政治执行力，不断提高把握新发展阶段、贯彻新发展理念、构建新发展格局的政治能力、战略眼光、专业水平。必须以创新强守正，立足新方位、找准新坐标，打好化险为夷、转危为机的主动仗，做到变中求进、变中创新、变中突破。

70 从改革上找出路，从创新上想办法

习近平总书记指出，生活从不眷顾因循守旧、满足现状者，而将更多机遇留给勇于和敢于、善于改革创新的人们。在新一轮全球增长面前，唯改革者进，唯创新者强，唯改革创新者胜。改革是发展的动力，创新是发展的源泉。创新决胜未来，改革关乎国运。新时代面临诸多新情况、新问题、新矛盾、新挑战，领导干部既不能

做满足现状、得过且过的"太平官"，也不能做故步自封、因循守旧的"守摊人"。只有时刻保持强烈的危机意识，敢于破旧立新、弃旧图新、吐故纳新，想出新思路、新办法、新载体，事业才有出路，才能永立时代潮头。

思想日新业日新，改革日进政日进。恩格斯指出，社会主义是"经常变化和改革的社会"。邓小平同志强调："不坚持社会主义，不改革开放，不发展经济，不改善人民生活，只能是死路一条。"物无不变，变无不通。改革开放是决定当代中国命运的关键抉择，也是实现中华民族伟大复兴的关键一招。高质量发展过程中的一切难题，只有靠改革才能破解；夺取疫情防控和经济社会发展双胜利，只有靠改革才能完成；全面建设社会主义现代化，只有靠改革才能实现。习近平总书记强调，革命战争年代冲锋陷阵、英勇献身，现在，就是要勇于改革、善于改革。改革是系统工程，是攻坚战，也是持久战，将改革进行到底，不只为了应对挑战，更是为了把握机遇；不只为了短期目标，更是为了长远发展；不只是时代要求，更是政治责任。当前，改革进入攻坚期，面对的都是坚中之坚、难中之难。领导干部必须增强改革意识，提升改革本领，坚定不移贯彻中央改革决策部署，更加奋发有为地推进改革攻坚步伐，创造无愧于时代、无愧于使命、无愧于人民的崭新业绩。

向改革要动力，向创新要活力。尊新必威，守旧必亡。创新是一个民族进步的灵魂，是一个国家兴旺发达的不竭动力，是一个政党永葆生机的精神源泉。天下之事，非新无以为进。"不日新者必日退"，没有创新，工作就会一潭死水，事业就会停滞不前。面对新矛盾新问题新挑战，有的干部习惯"向前看"，善用创新思维寻找解决办法；有的却习惯于"向后看"，看有没有成规惯例可循、有没有现成经验可用。思想破冰，行动才能突围。干部观念更新的程度，决定推动发展的速度。领导干部要想走在时代前列，不落伍、不退步，就一刻也不能削弱创新意识，一刻也不能停止创新步伐。要有想法，变单向思维为多向思维、封闭思维为开放思维、机械思维为辩证思维、保守思维为创新思维，始终保持思想的敏锐性、思维的活跃性、思路的开阔性。要有办法，坚持在研究状态下工作，积极学习一切新知识、新思想、新理念、新方法、新科学、新技术，推动事业更好发展。

71 立最高的目标，订最好的计划，作最坏的准备，尽最大的努力

党的七大召开时，中国共产党的面貌已发生重大变化。国际国内形势一片大好，但就在人们准备欢呼之时，毛泽东同志在七大报告中却强调要"准备吃亏"，在看到"光明"的同时"更要准备困难"，他一口气列举了可能出现的"17条困难"。在他看来，凡事从最困难、最坏处准备，尽最大努力去争取最好的结果，这是一个思维方法、工作方法和领导方法。

伟大的目标产生伟大的动力，目标的实现需要合理的计划。古人云："取法其上，得乎其中；取法其中，得乎其下；取法其下，

法不得也。"目标引领方向、汇聚力量，一个伟大目标能够充分挖掘人身上无穷的潜力，促使我们保持动力，向着成功不懈努力，也很大程度决定着最后会取得什么样的结果。目标一确定，不能像"无头苍蝇"一样四处乱撞，而是应在第一时间制订科学、合理、可行的实施计划。只有经过周密谋划和科学安排，才能提高工作效率、保证工作质量。当干部要用全局和长远眼光把握事物发展的趋势和方向，立足工作岗位，树立远目标、高标准，进一步捋清自身职责任务，按照既定的目标任务，时刻对标对表，履好职尽好责，确保工作有条不紊、高质高效地推进，最终实现目标；要谋定而后动，制定明晰的工作路线图、任务书和时间表，合理分解目标，细化工作责任、明确时间节点、制定奖惩措施，坚定目标、坚持不懈、克服困难，不折不扣抓好工作落实；要加强检视反思，及时发现和纠正偏离计划的问题，确保工作不停滞、不懈怠、不跑偏、不走样，沿着正确的方向和道路坚定前行。

有备则无患，尽力则无憾。毛泽东同志曾说，不打无准备之仗，不打无把握之仗，每战都应力求有准备，要在最坏的可能性上建立我们的政策。有备有方，才能攻无不克。胜利属于有准备的人。领导工作和行军打仗是一个道理，只有随时作好准备，做足思想、能力、经验等各方面的积累，才能把握机遇，取得成功。如果看问题、谋事业没有作好充足的准备，缺乏预见性，"临时抱佛脚"，出现意外就会无招架之力、应对之策。面对这样一个千帆竞发、百舸争流、有机会干事业、能干成事业的时代，做干部必须要善于做足准备工作，既要有可行性研究，也要有不可行性研究，尤其是出台重大政策、决定重大事项之前，更需要提前研究、提前谋划、提前设计；要增强忧患意识，强化底线思维，注重"保底""托底""守底"，既要有防范风险的先手，也要有应对和化解风险挑战的高招，既要打好防范和抵御风险的有准备之战，也要打好化险为夷、转危为安的战略主动战；要以高度负责的态度对待工作，在岗一分钟，奋斗六十秒，以永不懈怠的精神状态和一往无前的奋斗姿态为党和人民的事业添砖加瓦。

72 若只顾当前，不想长远，就会失去方向；若只想长远，不顾当前，则会陷入空想

习近平总书记曾说："我们做一切工作，都必须统筹兼顾，处理好当前与长远的关系。"立足当前与着眼长远是辩证统一的。领导干部必须从事物的不断运动变化中去把握事物和解决问题，既立足当前、抓好当前求实效，又深谋远虑、着眼长远求长效。

人无远虑必有近忧，只顾眼下必存后患。我们强调求实效、谋长远，求的不仅是一时之效，更有意义的是求得长远之效。当前有成效、长远可持续的事要放胆去做，当前不见效、长远打基础的事也要努力去做。千万不要"空前绝后"，出现"前任的政绩，后任的包袱"，甚至犯下不可弥补的过失，造成不可挽回的损失。然而现实中，一些领导干部对于当前与长远关系的处理并不慎重，有的患"短视症"，作决策、干工作只顾当前，心里盘算的是在任期之

内大干快上、多出政绩,"我走之后哪管他洪水滔天";有的患"远视症",志大才疏,徒托空言,把发展蓝图描绘得美丽迷人,把远景规划设计得光彩夺目,具体落实的事情则一概不管;有的患"狂躁症",既不谋长远,又不顾当前,而是"一朝权在手,便把令来行",想起一出是一出,盲目决策,轻率拍板。领导干部是党和人民事业的领导者、组织者、推动者,一旦罹患这些"病症",就会贻误事业、贻害一方,必须坚决纠正。只有在长远发展中考虑当前,把解决当前问题作为实现长远发展的根基,才能在从政道路上行稳致远。

既要干在当下,又要谋划长远。习近平总书记强调,领导干部要"善于算大账、总账、长远账,不能只算地方账、部门账、眼前账"。一代人要有一代人的担当,既不能让现实问题变成历史问题,也不能把历史问题再留给历史。做干部要树立正确的政绩观,从思想上和工作上摆正显绩和潜绩的关系,既要做让老百姓看得见、摸得着、得实惠的实事,也要做为后人作铺垫、打基础、利长远的好事,真正实现好、维护好、发展好最广大人民的根本利益;要增强战略思维,认清形势、把握趋势、预判形势,把眼前需要与长远谋划统一起来,既立足当前又着眼长远,对近期、中期,甚至长期的重大问题及未来发展趋势作出预见,切实提升工作的前瞻性、预见性;要周密谋划部署,坚持从实际出发,从高标准、严要求和可行性出发,通过深入调研、科学论证、统筹谋划和程序设计等综合性手段,反复权衡利弊得失,制定出高标准、严要求和接地气的时间表、路线图与责任清单。

73 日日行，不怕千万里；常常做，不怕千万事；对时间的把握，就是对功夫的积累

通俗地理解就是路不怕长，天天走就能走完；事不怕多，坚持做就能做完。勉励人们要把想法落实到行动上，一步一个脚印去实践。放眼历史长河，能够有所作为的人们从来不吝惜自己放眼长远、筑梦未来的能力，而真正成就他们的，则是梦想之后"咬定青山不放松"的恒心毅力和"千里之行始于足下"的务实态度。做干部更是如此。

人生欲有所成，关键是砥砺一颗恒心。"滴水穿石"的成语，常用来比喻坚持不懈，集细微的力量也能成就很大的功劳。习近平同志到宁德担任地委书记时，宁德被国务院认定为全国18个集中连片贫困地区之一。他到任3个月就走遍了宁德下辖的9个县，后来又跑遍了全地区绝大部分乡镇，全力推动闽东地区摆脱贫困。在习近平同志的感召下，宁德以水滴石穿、弱鸟先飞的精神持续努力，有的村用十年"输血"就地扶贫、十年"换血"搬迁扶贫、十年"造血""旅游+产业"扶贫，终于走上了脱贫致富的小康路。常言道，没有比人更高的山，没有比脚更长的路。再艰难再遥远的道路，走一步便少一步；再繁重杂乱的琐事，做一件就少一件。山高路长不可怕，关键是要落实到行动上。再美好的理想如果不能落实到行动上就是空想。把事情落实到行动上的时候，各种情况千差万别，各种困难也会扑面而来，要把事情坚持做下去，就需要付出艰苦的努力。

坚定不是一时一事，而是实实在在的持之以恒。做干部要发

扬想干、会干、快干的实干精神，做起而行之的行动者、不做坐而论道的清谈客，当攻坚克难的奋斗者、不当怕见风雨的泥菩萨，尤其是面对当前改革进入攻坚期和深水区，矛盾交织叠加、错综复杂的新形势，必须以强烈的进取精神、责任意识和"明知山有虎，偏向虎山行"的劲头，敢于探盲区、勇担当、动真格，稳中求进，蹄疾步稳，在摸爬滚打中增长才干，在层层历练中积累经验；要立恒志，立大志、做大事，用理想之光照亮前行之路，向着目标义无反顾拓步向前，无论坎坷曲折、艰难险阻，都要始终坚守、坚定不移，切不可三心二意、见异思迁；要有恒心，对看准了、拿定了的事，就要始终坚持，面对困境勇敢站出来，迎难而上扛起来，始终不为噪声所扰、不为歪风所惑、不为暗流所动，决不能反复无常、朝令夕改；要用恒力，以永不懈怠的态度对待每一项工作，发扬钉钉子精神，沉下心来，心无旁骛扎实工作，一张蓝图绘到底，一个榔头接着一个榔头敲，一件事情接着一件事情做，久久为功、善作善成。

74 "领"的是方向，就是提出明确工作要求；"导"的是方法，就是把要办的事说清楚

所谓领导，"领"就要率先垂范、引领示范，"导"就要发现问题、纠正错误。现代治理是一个系统，包含治理体系、治理制度、治理能力和核心价值观等多个要素。对各级领导干部来说，增强本领的

重点就是增强领导力。只有领导干部的领导力增强了，领导艺术提高了，推进国家治理体系和治理能力现代化的奋斗目标才能实现，中华民族伟大复兴的中国梦才能梦想成真。

领导领导，既要会"领"，又要善"导"。走正确的路，方向是基础，方向错了，目标则会越远。做正确的事，方法是关键，方法错了，问题就越多。领导干部是一个地方经济社会发展的设计者、决策者、引领者，或是一个单位、一个部门工作的推动者、组织者、管理者，必须在迷茫之中看得清、在杂乱之中稳得住、在言行举止上作表率。习近平总书记指出："很多同志有做好工作的真诚愿望，也有干劲，但缺乏新形势下做好工作的本领，面对新情况新问题，由于不懂规律、不懂门道、缺乏知识、缺乏本领，还是习惯于用老思路老套路来应对，蛮干盲干，结果是虽然做了工作，有时做得还很辛苦，但不是不对路子，就是事与愿违，甚至搞出一些南辕北辙的事情来。"面对纷繁复杂的形势和繁重艰巨的任务，领导干部要用价值目标统一认识，团结带领干部群众直面矛盾、正视困难，勇于改革、大胆创新，争创一流业绩。还要学会适度授权、用人所长，注重对下属的激励、锻炼和培养，发挥团队优势，提高整体绩效。

以共同的梦想引领人，以共同的事业凝聚人。共同的愿景能够给人以力量、给人以方向，目的明确的目标能够有效激发人们的积极性和创造性。领导凝聚力的提升重在寻求最大公约数。当年红军长征到达延安后，毛泽东同志总结共产党的成功经验是"三大法宝"：统一战线、党的领导、武装斗争。其中，排在第一的就是统一战线。在当代中国，这个最大公约数就是同心共筑中国梦，就是人人都有出彩的机会，就是人民对美好生活的向往，就是实现"十四五"规划和2035年远景目标。领导干部不仅要善于描绘愿景，善于感召他人，善于凝心聚力，激发斗志，开创未来，而且要团结带领广大干部群众，众志成城、攻坚克难，共同奋斗。

思想的领导才是真正高明的领导。早在1942年，毛泽东同志就指出："掌握思想领导是掌握一切领导的第一位。"共识才能共为。提升执行力要从改善沟通协调着手，因人而异、因时而异、因地而异，不能含糊其词、模棱两可、语焉不详，让下属一头雾水、无所适从。安排任务要目标清晰、内容具体、方向明确，把做什么、怎么做、做到什么程度、什么时间做好等都讲清楚、说明白，让下属准确领会领导决策意图，扩大共识、形成共为。提升执行力还要注重营造良好的文化氛围，塑造高效执行的价值观，培育合作执行的精神，形成有序执行的行为规范，引导干部群众为实现决策目标共同行动。

75 一门心思钻研工作，一腔热情凝心聚力，一丝不苟履职尽责，一身正气树好榜样

习近平总书记指出："我们党作为马克思主义执政党，不但要有强大的真理力量，而且要有强大的人格力量"。今天，我们比历史上任何时期都更接近、更有信心和能力实现中华民族伟大复兴的

目标，但面临的风险和挑战也前所未有。这就要求我们深入学习贯彻习近平新时代中国特色社会主义思想，锤炼忠诚干净担当的政治品格，用理论之光照耀前行之路，以永不懈怠的精神状态和一往无前的奋斗姿态应对新风险、战胜新挑战。

伟大出自平凡，平凡造就伟大，把工作当成使命。我们正处于一个伟大的时代。新时代为每个有梦想、有决心创造美好生活的人提供了宽广的舞台和无限的可能。生活总是向前，机遇稍纵即逝。我们不能躺在过去的功劳簿上睡大觉，也不能在最好的位置上享清福。行程万里，虽远不怠。有了精神追求的高度，才有人生奋斗的强大动力。60多年深藏功名、一心奉献的老英雄张富清，在革命战争年代冲锋陷阵、不怕牺牲，在祖国建设时期坚决服从组织安排，扎根偏远落后贫困山区，用持之以恒的坚守，践行一名共产党员的铮铮誓言。俗话说得好："喊破嗓子不如甩开膀子。"领导干部光有想法是不行的，还要立足实践、付诸行动，在实践中锤炼品质，在实干中成就事业。

不采华名，不兴伪事，把工作当成事业。领导干部要履行好人民公仆的职责，时刻想到"为官避事平生耻"，做到在其位、谋其政、履其职、尽其责。焦裕禄、谷文昌、杨善洲等优秀共产党员，他们虽然来自不同年代、不同岗位，但都奋发向上、积极进取，把为党和人民事业奋斗作为最高人生追求，在各自领域创造了不平凡的工作业绩，在担当尽责中彰显了共产党人的初心和使命。领导干部要不驰于空想、不骛于虚声，始终保持在状态，把工作作为一份责任、一门学问、一项事业来完成，努力跑出我们这一棒最好的成绩。

干一行、爱一行，钻一行、精一行，把工作当成学问。新时代领导干部要发扬钉钉子精神，发扬专心、专注、专业的精神，以更加积极的作为、更加扎实的业绩践行党的初心和使命；要有治学的精心，像做学问那样严谨细致、精益求精，练就绣花功夫，不断提高工作的精细化、精准化水平；要有求学的恒心，坚持不懈用习近平新时代中国特色社会主义思想武装头脑，持之以恒在干中学、在学中干，加快知识更新、加强实践锻炼，使自己的专业素养和工作能力跟上时代节拍；要有研学的专心，既知其然又知其所以然，坚持问题导向，善于发现问题、研究问题，用专业思维、专业方法分析问题、解决问题。

76 明责定责是推动工作的前提，问责追责是抓好落实的保障

重视责任担当是马克思主义政党的政治品格和优良传统。压力层层传导，向下层层压实责任，是落实各项工作的必要之举。党的十八大以来，以习近平同志为核心的党中央不断强化问责，着力通过科学规范问责让各级党组织和党员干部扛起全面从严治党的责任。"有权必有责、失责必追究"成为各级党组织和广大党员干部的共识，问责已成为约束权力责任、推动全面从严治党、净化政治生态的重要手段。

明责定责千遍，不如问责追责一次。习近平总书记反复强调，不明确责任，不落实责任，不追究责任，全面从严治党是做不到的。科学规范的问责能引导广大党员干部增强责任意识，拧紧责任"发条"，激励干事创业。广大党员干部要突出严肃性，坚持严字当头，不搞下不为例，有责必问、失责必究、追责必严，明确细化问责主体、问责情形、问责方式、问责程序以及处理措施，确保追责问责有规可依；要突出合理性，坚持实事求是、权责一致，惩前毖后、治病救人的原则，严格区分集体责任和个人责任、主要领导责任和分管领导责任、前任责任和现任责任，教育和引导被问责对象改进工作、奋发有为；要突出导向性，坚持奖优罚劣、区别对待，把履行全面从严治党主体责任情况作为重要标准，作为选拔任用干部的重要依据。

"责问"过后须"问责"，"补牢"当在"亡羊"前。党员干部因失职而导致工作上出现失误，上级领导常常会当众责问，话语严肃、态度坚决。然而，一些责问却是雨过地皮湿，最后不了了之。直指问题实质的责问，能帮助同志认识错误、纠正偏差，是非常必要的。但有些地方和部门的领导对身边同志身上存在的问题明明看得很清楚，却睁一只眼闭一只眼，甚至放任自流，最后大事化小、小事化了，最终害了同志、贻误工作。问责的实质是由不落实责任者承担相应后果，是对工作失职者的惩处；是把问题产生的原因、后果搞清楚，该由什么人承担责任就由什么人承担责任。问责的目的在于对重大问题、恶性事件所造成的恶劣影响、重大损失有一个明确的交代，查找根源、弥补漏洞，以儆效尤、杜绝后患。责问过后如果没有问责，无异于"光打雷不下雨"或"雷声大雨点小"。只有坚持问事必问人、问人必问责、问责问到底，才能达到问责一个、教育一片的效果。

既要对不作为者追责，也要对干事创业者负责。习近平总书记强调："我们要健全权力运行制约和监督体系，有权必有责，用权受监督，失职要问责，违法要追究，保证人民赋予的权力始终用来为人民谋利益。"实践证明，问责本身不是目的，不只是一个处理结果，更不是一"问"了之，而是要通过问责查摆突出问题，抓好后续跟踪督办，防止再次出现类似情况，推动权力规范运行，激励干部担当作为。如果把问责仅仅看作是一种约束，则不利于激发干部干事创业的"精气神"。事实上，问责的本质含义是既要对不作为行为追责，也要对干事创业者负责。只有科学规范问责，才能唤醒责任意识、激励担当作为，才能防止"鞭打快牛""多干多错"，营造"为担当者担当，为负责者负责"的氛围，才能回归问责的原初价值旨向。

77 把谋全局和谋一域、谋事与谋势、谋当下与谋未来统一起来，谋先、谋快、谋准、谋稳，谋定而后动，赢得主动

谋事是成事之基。《孙子兵法》云："夫未战而庙算胜者，得算多也；未战而庙算不胜者，得算少也。多算胜，少算不胜，而况于

无算乎？"运筹帷幄，才能决胜千里。做任何工作，首先要谋划到位。干部要图之于未萌、虑之于未有，科学谋划、精准谋划，做到有谋有方。

计熟事定，举必有功。凡事预则立，不预则废。谋定而后动，则无往而不胜。没有准备，就是在准备失败。提前谋划、科学规划是党执政兴国的重要举措和成功经验。习近平总书记指出："一个党要立于不败之地，必须立于时代潮头，紧扣新的历史特点，科学谋划全局，牢牢把握战略主动，坚定不移实现我们的战略目标。"回望"十三五"时期，正是在习近平总书记亲自谋划下，京津冀协同发展、长江经济带发展、粤港澳大湾区建设、长三角一体化发展、黄河流域生态保护和高质量发展……一个个重大国家战略扎实推进。展望未来，党的十九届五中全会审议通过的《中共中央关于制定国民经济和社会发展第十四个五年规划和二〇三五年远景目标的建议》，对我们开启第二个百年新征程进行了科学谋划，提出了新目标、新理念、新方略，绘制了新蓝图，为我国如期实现社会主义现代化强国的目标开好局、起好步。干部要把工作谋划放在首位，谋大、谋深、谋远、谋实、谋细，通盘考虑，审慎决策。

凡谋之道，周密为宝。谋划是否科学、清晰、正确、可行、有效，决定着工作和事业的局面。谋划工作必须下足功夫。要运用科学思维来谋划，提高战略思维、系统思维、历史思维、辩证思维、创新思维、法治思维、底线思维能力，特别是胸怀"两个大局"，对国之大者心中有数，不断增强谋划的科学性、预见性、主动性和创造性；要坚持问题导向来谋划，聚焦我国发展和我们党执政面临的现实问题，聚焦事关战略全局、事关长远发展、事关人民福祉的紧要问题，聚焦带有共性、规律性的问题，把握规律性，发现倾向性，揭示必然性，通过谋划有效破解问题；要深入调查研究来谋划，把调查研究贯穿谋划工作的全过程，不断拓展调研渠道、丰富调研手段、创新调研方式，坚持开门问策、汇集众"智"，对客观实际情况进行全面的调查了解和深入的分析研究，反对闭门造车、异想天开。

78 把握战略重点，才能牵一发而动全身；找准主攻方向，才能一子落而满盘活

主要矛盾和次要矛盾辩证关系的原理告诉我们，主要矛盾决定次要矛盾，主要矛盾解决得好，次要矛盾就容易解决。干部要善于从多种矛盾中找出和抓住主要矛盾，提出主要任务，掌握中心环节，从而增强工作的主动性。

没有重点就没有政策。在复杂事物自身包含的多种矛盾中，每种矛盾所处的地位、对事物发展所起的作用是不同的，总有主次、重要非重要之分，其中必有一种矛盾与其他诸种矛盾相比较而言，处于支配地位，对事物发展起决定作用，这就是主要矛盾。正是由于矛盾有主次之分，我们在想问题办事情时就要善于抓重点、集中力量解决主要矛盾。中国共产党在一百多年的发展历程中，每个发展阶段重大战略及路线、方针、政策的制定，都同当时中国共产党

对社会主要矛盾的认识和把握紧密相关。能否正确认识和把握中国社会不同发展阶段的社会主要矛盾，对于确定党和国家工作中心，解决所处历史阶段的社会主要问题，实现经济社会的科学发展具有重大意义。进入新时代，我国社会主要矛盾已经转化为人民日益增长的美好生活需要和不平衡不充分的发展之间的矛盾。这就为我们指明了今后一个时期的战略重点和主攻方向。要着力解决好发展不平衡不充分问题，大力提升发展质量和效益，更好满足人民在经济、政治、文化、社会、生态等方面日益增长的需要，更好地推动人的全面发展、社会全面进步。

把握重点等于成功一半。进入新发展阶段，国内外环境正在发生深刻复杂变化。从国际看，世界百年未有之大变局进入加速演变期，新冠肺炎疫情大流行影响广泛深远，经济全球化遭遇逆流，国际经济、科技、文化、安全、政治等格局都在深刻调整，中国发展的外部环境日趋错综复杂。从国内看，中华民族伟大复兴进入关键时期，我国社会主要矛盾发生变化，经济转向高质量发展阶段，继续发展具有多方面优势和条件，也面临不少困难和挑战。问题越是错综复杂，矛盾越是空前尖锐，越要在关键点和症结点上出实招、出高招。党的十九届五中全会对构建以国内大循环为主体、国际国内双循环相互促进的新发展格局作出战略部署，明确了主攻方向和重要着力点。我们要把扩大内需战略同深化供给侧结构性改革、建设现代化经济体系、推动高质量发展、扩大对外开放高度统一起来，创造性地把重大战略部署对接具体现实、化为具体方案、变成具体措施，推动经济行稳致远、社会和谐稳定。

79　分清轻重缓急，把握先后主次

习近平总书记指出："在任何工作中，我们既要讲两点论，又要讲重点论，没有主次，不加区别，眉毛胡子一把抓，是做不好工作的。"事情必然有急缓之分、主次之别，该急则急该缓则缓，应该张弛有度。领导干部抓工作分得清主要次要、轻重缓急，当缓则缓，当急则急，这是工作需要，也是工作艺术。

不要想把整个海洋煮沸，做事情要分轻重缓急。改革开放初期，面对日益增加的任务和挑战，陈云同志强调："不忘记经常工作，但必须抓住中心，防止事务主义，乱无头绪。"在回答如何解决忙而无效的问题时，习仲勋同志说："成天忙得要命，但工作确实没有做好。毛病在哪里？在于不善于使用自己的力量。"老一辈的革命家高超的领导艺术启示我们，只有善于抓住重点，分清轻重缓急，做到主次分明，才能在烦琐的事务中游刃有余。然而现实工作中，一些领导干部或做事没有计划安排，或缺乏思考谋划能力，疲于应付、忙而无功；或满足于重复单一工作，沦为缺乏创造力的执行工具，按部就班，效率低下；有的不分轻重、不分主次、见子打子、平均用力，"胡子眉毛一把抓"……这些事务主义的表现，不仅会在恶性循环中导致工作效率低下，影响事业的发展，还会造成思想的僵化和庸俗，一年到头忙忙碌碌却碌碌无为。干任何工作都要分得清主要次要、轻重缓急，讲究时效、讲究尺度、讲究效果。

举一纲而万目张，提一领则百毛顺。明末清初思想家王夫之

说："持其大纲，疏其节目，为政之上术也。"习近平总书记指出："必须在把情况搞清楚的基础上，统筹兼顾、综合平衡，突出重点、带动全局，有的时候要抓大放小、以大兼小，有的时候又要以小带大、小中见大，形象地说，就是要十个指头弹钢琴。"领导干部要学习运用唯物辩证法，坚持"两点论"和"重点论"的统一，"审大小而图之，酌缓急而布之；连上下而通之，衡内外而施之"，分清轻重缓急、辨明主次难易，该重弹则重弹、该轻弹就轻弹，沟通上下、协调左右、联系内外，在统筹中处理矛盾、在兼顾中把握平衡、在协调中促进发展，不断增强工作的整体性、系统性、协同性；要牵住"牛鼻子"，善于抓住主要矛盾和矛盾的主要方面，善于把握关键环节，切中问题要害，切实增强对准重点和要害发力的本事，找准重点和关键，分清轻重缓急，对准瓶颈和短板，抓住要害突破重要领域，补齐突出短板。

80 用好"破"与"立"的辩证法，用好"加"与"减"的运算法，用好"上"与"下"的统筹法

习近平总书记指出："辩证唯物主义是中国共产党人的世界观和方法论"，"必须不断接受马克思主义哲学智慧的滋养，更加自觉地坚持和运用辩证唯物主义世界观和方法论"。辩证唯物主义是我们认识世界的"望远镜"和"显微镜"。领导干部只有熟练掌握辩证唯物主义世界观和方法论，学会从唯物辩证法中汲取智慧和力

量，善于把握矛盾双方的统一性和斗争性，才能不断提高运用科学方法观察和分析问题的能力，干工作才能统筹兼顾，善于抓重点、抓关键、弹好"钢琴"。

有破有立，不破不立。毛泽东同志在《新民主主义论》中说："不破不立，不塞不流，不止不行，它们之间的斗争是生死斗争。""破"与"立"是事物对立统一的两个方面，在"破"与"立"中行进是事物发展的基本规律。"破"代表着破除与变革，指人们通过总结历史教训与经验，摒弃不切实际的、守旧的观念，探寻解决问题的方法；"立"代表着确立与建设，指人们坚持事物发展的客观规律，掌握事物发展的新要求和新趋势，稳固树立新理念，把握新特征，执行新决策。干任何工作，有了"立"的决心，才会有"破"的勇气；"破"的动力越强，"立"的自信也会更充足。芳林新叶催陈叶，流水前波让后波。领导干部做工作，只有用好"破"与"立"的辩证法，不断解放思想，因时而变、唯变所适，在变中求新、求进、求突破，才能不为条条框框所限，不因"没有先例"而困。

既要压担子，也要减负担。俗话说，人无压力轻飘飘，井无压力不出油。实施有效的领导，既要注重在工作中添加压力，压紧压实责任，充分调动部署的积极性，提高工作的实效性，也要注意为部署减轻工作负担，减少繁文缛节和琐碎程序，使干部心无旁骛、专心致志做好手中的工作，从而营造一个张弛有度、劳逸结合、节奏分明的良好氛围。毛泽东同志为抗大制定的"团结、紧张、严肃、活泼"的校规，就是松紧适度的管理之道。现实工作中，有的领导干部统筹工作不注重区分轻重缓急，眉毛胡子一把抓，安排部署任务一股脑往下压，使基层疲于奔命、应接不暇；有的不关心基层的具体情况，只管下命令、压任务，到了时间就"收账"，使得基层干部苦不堪言；有的打着细节决定成败的幌子，简单问题复杂化，使得各种统计、报表满天飞，劳民伤财、得不偿失；等等。这些都是没有学好"加"和"减"的运算法，成了官僚主义、形式主义，害人害己。橡皮筋绷得太紧就会失去弹性，做工作也是一样。领导干部学好"加"和"减"的运算法，抓重点、破难点、创亮点，才能保证工作的持续发展。

既对上负责，也要对下负责。"上"和"下"是个相对的概念，但是对领导干部而言，"对上负责"与"对下负责"本不是矛盾关系，二者是对人民负责的两个不同表现方面。习近平总书记强调："所谓对上负责，就是对上级领导机关负责；所谓对下负责，就是对人民群众负责。对各级领导干部来说，对上负责与对下负责从来都是统一的、不可分割的，对党负责，就是对人民负责；对人民负责，就是对党负责。两者统一于对党和人民事业的高度负责之中"，"任何事情都要向上看看，向下看看"。领导干部做工作，要善于把党中央要求和地方实际结合起来，把上级指示要求和本地区本单位工作结合起来，处理好特殊和一般的关系；要正确认识到，上级的指示要求和决策部署是对整体工作的一般性安排，必须不折不扣贯彻落实，同时，也要找准自身工作的特殊性，结合人民群众的急难愁盼问题，有针对性地制定思路、政策、措施，切实解决实际问题。

81 既要"十个指头弹钢琴"，又要"牵住牛鼻子"

习近平总书记强调："在任何工作中，我们既要讲两点论，又要讲重点论，没有主次，不加区别，眉毛胡子一把抓，是做不好工作的。"学会"弹钢琴"，就是要坚持"两点论"，既要善于抓重点，唱响主旋律，也要兼顾全面，弹好协奏曲；牵住"牛鼻子"，就是要坚持"重点论"，分清主次，抓住主要矛盾和矛盾的主要方面。两点论和重点论是辩证统一的，两点是有重点的两点，重点是两点中的重点。离开两点谈重点或离开重点谈两点都是错误的。

只用单手，无法鼓掌。习近平总书记指出："统筹兼顾是中国共产党的一个科学方法论。它的哲学内涵就是马克思主义辩证法。"没有统筹就没有高效，没有协调就没有合力。俗话说，"扁担无扎，两头失塌"。什么时候统筹兼顾得好，就可以收到"提领而顿，百毛皆顺"的效果；什么时候统筹兼顾得差，就可能出现"得之东隅、失之桑榆"的问题。领导工作千头万绪，如果不突出抓好中心工作，完成重点任务，必然会导致"捡了芝麻，丢了西瓜"，因小失大；但如果只抓重点工作而轻视其他方面工作，则可能出现短板弱项，带来问题隐患，进而影响全局。领导工作是一个系统工程，要想抓出成绩，必须学会用科学统筹、"十指弹琴"的方法抓好工作，真正做到把十个手指头动起来，统筹协调解决发展中的各种矛盾和利益关系，在统筹中保持适度，在兼顾中把握平衡，使各单位、各岗位各负其责、各尽所能，确保每个"琴键"有合适的指头弹，每项工作有合适的人去干。

一把抓不如抓一把，一刀切不如切一刀。习近平总书记强调，面对复杂形势和繁重任务，首先要有全局观，对各种矛盾做到心中有数，同时又要优先解决主要矛盾和矛盾的主要方面，以此带动其他矛盾的解决。俗话说，穿袄提领子，牵牛牵鼻子。讲的就是做事情、干工作要抓住重点。重点，是影响整体的关键，是决定全局的要害。重点抓得精准、抓出成效，才能掌握工作主动权、开创工作新局面。矛盾有主有次，工作有重有轻，抓住了重点，就抓住了事物的本质，就牵住了"牛鼻子"，就能更好带动全局、推动全局。党的十八大以来，我们党解决了许多长期想解决而没有解决的难题，办成了许多过去想办而没有办成的大事，一个重要原因就是既讲两点论、又讲重点论，找突出问题、抓关键环节，把主要力量投入到那些对全局最重要、最有决定意义的事情之中，进而以重点突破带动整体推进，实现"一子落而满盘活"。秉纲而目自张，执本而末自从。开局"十四五"，开启新征程是一项宏大工程，任务艰巨繁重、工作千头万绪，如果主次不分、重点不明，就可能乱了章法、忙而无功。必须坚持问题导向，集中力量抓住"牛鼻子"，既抓重要领域、重要任务、重要试点，又抓关键主体、关键环节、关键节点，以重点带动全局，抽丝剥茧，循序渐进，形成"一盘棋"效应。

82 既要抓住主流，又要注意支流；既要突出要点，又要照顾一般；既要树立典型，又要带动面上

主流、要点、典型指的是事物的本质方面，决定事物发展的方

向，是主要矛盾；支流、一般、面上指的是事物的非本质方面，是事物发展的非根本的趋势和方向，是次要矛盾。主要矛盾和次要矛盾不是一成不变的，在一定条件下可以相互转化。看问题、看事情既要善于抓重点，集中主要力量解决主要矛盾，又要学会统筹兼顾，恰当地解决次要矛盾。

坚持"两点论"，反对"一点论"。"两点论"是指在认识复杂的事物时，既要看到主要矛盾又要看到次要矛盾，在认识某一矛盾时，既要看到矛盾的主要方面，又要看到矛盾的次要方面。如果只看到主要矛盾和矛盾的主要方面，而忽视了次要矛盾和矛盾的次要方面，就会陷入"一点论"的错误。列宁说："统一物之分为两个部分以及对它的矛盾着的部分的认识……，是辩证法的实质……"毛泽东同志提出："一分为二，这是个普遍的现象，这就是辩证法。"他不仅是这样说，也是这样做的。比如，在新民主主义革命时期，他一方面强调中心工作是军事和打仗，另一方面又号召做好其他一切革命工作。我们坚持"两点论"，就是要坚持一分为二，承认对立统一，学会全面地看问题，不仅看到事物的正面，也要看到它的反面，了解矛盾双方的特点，分析矛盾双方的地位、作用以及相互关系，充分调动积极因素，尽可能地化消极因素为积极因素，采取正确的方针和方法解决矛盾。

统筹兼顾，各得其所。统筹兼顾是我们党的科学方法论，是在长期革命、建设、改革中形成的重要经验。我们党不仅在日常工作中注重统筹兼顾，在应对重大风险挑战的非常时期更是如此。习近平同志强调，在统筹推进经济社会发展各项任务，在全力以赴抓好疫情防控同时，统筹做好"六稳"工作。这就要求我们既要抓住主要矛盾，坚决遏制疫情蔓延势头，坚决打赢疫情防控阻击战，同时也要统筹兼顾，继续做好"六稳"工作。干部要有统筹兼顾之谋。统筹国内国际两个大局，在立足自身实际、做好自己事情的同时，以宽广的国际视野思考世界大势，在中国和世界的密切互动中谋划发展。统筹疫情防控和经济社会发展，既毫不动摇地做好疫情防控，不获全胜决不收兵，又努力推动经济社会发展，把疫情的影响降到最低。统筹各个领域、各条战线，抓好地域统筹、资源统筹、任务统筹等，使得各项政策措施协同联动，实现整体目标效果。

83 把坚持底线思维、坚持问题导向贯彻工作始终，瞄着问题去、追着问题去

习近平总书记强调，要坚持问题导向，坚持底线思维，把问题作为研究制定政策的起点，把工作的着力点放在解决最突出的矛盾和问题上。坚持底线思维，居安思危、未雨绸缪，就能做到见微知著、防患于未然；坚持问题导向，科学地认识、准确地把握、正确地解决问题，就能够把事业发展不断推向前进。坚持底线思维和问题导向，是新时代领导干部干好工作应具备的重要能力，是检验领导干部能力素质的重要标尺，也是有效应对复杂形势、完成艰巨任务、在变局中开新局的迫切需要。

从"底线"出发，才能向"高线"进军。"守乎其低而得乎其高。"习近平总书记强调，底线思维是一种唯物辩证法，是"有守"和"有为"的有机统一。从最坏处着想，向最好处努力，是底线思维的两方面要求。毛泽东同志指出："在最坏的可能性上建立我们的政策"，"把工作放在最坏的基础上来设想"。不管做任何事，底线不可破，底线破了，干再多的事情也要归零，甚至是负数。底线思维首先要对可能出现的最坏情形有充分的预见和准备，而后才能谈得上"努力争取最好的结果"。当然，底线思维也不是片面的，守底线，是为了补短板、过险滩、冲高线。古人云："智者虑事，虽处利地，必思所以害；虽处害地，必思所以利。"有向好的愿望，不知风险隐患在哪儿，那是莽撞冒进；有守住底线的决心，没有努力向好的行动，则是消极保守。进入新发展阶段，面对各种困难和风险，最考验领导干部勇气与智慧的，就在于能不能看到"坏处"、会不会解决"难处"、敢不敢争取"好处"。领导干部必须善于运用底线思维方法，预先估计事情可能的发展趋势，预先判断可能遇到的困难，预防可能发生的最坏情况，以"百分之百"的准备应对"百分之一"的可能，使各项工作都能够从底线出发，向高线进军。

从问题开始，必将以肯定结束。习近平总书记指出："坚持问题导向是马克思主义的鲜明特点，我们中国共产党人干革命、搞建设、抓改革，从来都是为了解决中国的现实问题。"问题是"师"也是"梯"。坚持问题导向，既是思想方法，也是工作方法。每个地方和单位或多或少都存在一些问题，比如，制约经济发展的瓶颈问题，影响社会稳定的短板问题，群众普遍关注的热点问题，等等。这些问题既是工作的难点又是工作的重点，既是制约高质量发展的薄弱点又是推进跨越式发展的增长点。越是薄弱环节越要下功夫改进。问题改进一分，发展就增进一步；问题解决一个，建设就提升一层。领导工作就是发现问题、研究问题、解决问题。只有始终树立问题意识、坚持问题导向，科学分析问题、深入研究问题、弄清问题性质、找到问题症结，勇于担当解决问题的责任，努力探寻解决问题的方法，才能不断有效破解前进道路上的各种难题，开创工作和事业发展新局面。

84 工作就是不停地解决问题，心中眼里如果没有问题，就意味着没有工作；解决的问题越多，说明工作的成绩越大

习近平总书记指出，领导干部要自觉把发现问题、分析问题、解决问题作为做好领导工作和一切工作的基本要求，特别是要抓住关键问题，切实增强工作的主动性和针对性。对领导工作而言，问题就是工作中的差距、不足、短板，时刻制约着工作进步、事业发展。"为官避事平生耻"，当领导就要把解决问题贯穿始终，以解决问题为动力来推进工作，以解决问题为标准来检验工作。

伤口可以自己愈合，问题不会自己解决。俗话说，"扫帚不到，灰尘不会自己跑掉"。习近平总书记指出，无论什么时候，问题总

是客观存在的，怕就怕对问题熟视无睹、视而不见，结果小问题变成大问题，小管涌演变为大塌方。法国文学家雨果说："尽可能少犯错误，这是人的准则；不犯错误，那是天使的梦想。"问题就是事物的矛盾。矛盾无处不在、无时不有，矛盾的普遍性决定了问题的广泛性。如果看不到矛盾的普遍性，对成绩津津乐道，对问题听之任之，被安逸蒙住眼睛，等到小问题变成大问题、新问题拖成老问题、简单问题演变成复杂问题时，再想克服、解决就难了。遮丑丑更丑，护短短更短。一个地方、一个单位在建设发展过程中，总是存在着各种各样的矛盾和问题，解决问题就是领导干部履职尽责的题中应有之义。领导干部只有始终坚持识短不怕丑、揭短不怕痛、治短不犹豫，会"想问题"，敢"找问题"，解决好问题，才能履行好自身的职责使命。

问题的减法，就是发展的加法。邓小平同志指出："我们开会，作报告，作决议，以及做任何工作，都为的是解决问题。"问题是工作的方向和动力。没有问题就没有发展，不解决问题就不会有大发展。为什么有些单位新问题会拖成老问题，小问题会变成大问题？为什么有些地方发展水平总在低层次徘徊，难以取得突破？一个重要原因就是，谋划工作时没有盯着问题、瞄着问题，开展工作时没有跟踪问题、解决问题，导致"短板"年年短，"弱项"岁岁弱。不解决问题，再响亮的口号都是空话，再宏伟的蓝图也难以绘就。当前，我国正处在一个发展形势深刻变革、社会结构深刻变动、利益格局深刻调整、思想观念深刻变化的时期。这一时期，既是发展的黄金期，也是矛盾的凸显期。越是困难成堆的地方，越是矛盾集中的地方，也越是充满机遇的地方。领导干部只有抓住重点找准症结，迎着问题上，盯着问题抓，不解决问题不撒手，不见到成效不罢休，才能以具体问题的解决推动工作进步和事业发展，真正把"矛盾凸显期"化为"黄金发展期"。

85 创新求变，敢闯敢试，以新方法解决新问题，以新思路谋划新发展

习近平总书记指出："变革创新是推动人类社会向前发展的根本动力。谁排斥变革，谁拒绝创新，谁就会落后于时代，谁就会被历史淘汰。"时序轮替中，始终不变的是奋进者的身姿；历史坐标上，始终清晰的是变革者的脚印。当今世界正经历百年未有之大变局，疫情对经济社会发展带来诸多不确定因素。唯有创新求变，突破思维局限，发扬敢闯敢试的精神，才能在困境中找到出路，在逆境中求得转机。"穷则通，通则变，变则久。"领导干部应立足本职岗位，在实践工作中敢于先想，勇于打破常规，不走"寻常路"；勇于先试，争当第一个"吃螃蟹"的人，敢闯无人区、勇攀最高峰，在改革创新中"杀出一条血路"。

不能总是用别人的昨天来装扮自己的明天。习近平总书记指出："没有特色，跟在他人后面亦步亦趋，依样画葫芦，是不可能办成功的。"清代画家郑板桥爱好临摹各家字帖，可总觉得自己进步不大，为此深感苦恼。他的妻子一语点破："人各有一体，你老

在别人的体上缠什么？"郑板桥猛然醒悟。此后，他力求创新，开创了"板桥体"。古人云："常制不可以待变化，一涂不可以应万方。"踩着别人脚步走路的人，永远不会留下自己的脚印。创新求变，不应"老在别人的体上纠缠"。照搬照抄成不了大家，亦步亦趋也难以引领风骚。领导工作既有规律，也有特点，要做出成效，不能照别人的葫芦画自己的瓢。必须在比较中进取、在创造中超越，打破思维定式、路径依赖，敢于另辟蹊径、走出新路，多一些独到的见解、独特的创造，善于寻求"无解之解"，从不可能处寻找可能的办法。

不担三分险，难练一身胆。马克思说，科学的入口处如同地狱的入口处。意喻追求科学真理的人要有一种不怕下地狱的精神。创新的本质和使命是敢为人先，敢走前人没有走过的路，敢涉他人没有涉过的水。"风景再好，你不爬上山顶，永远欣赏不到；舞台再大，你不上台演讲，永远是个观众。""胜利不会向我走来，我必须自己走向胜利。"只有敢于蹚出自己的路，才能收获别样的风景。如今，新时代改革开放再出发的号角已经吹响，适应新阶段、贯彻新理念、构建新格局，不是简单的小修小补，而是要再起宏图、颠覆超越、脱胎换骨。领导干部必须从一切不合时宜的思维定式、固有模式、路径依赖中解放出来，当好为民服务"孺子牛"、创新发展"拓荒牛"、艰苦奋斗"老黄牛"，树立敢为天下先的志向和信心，敢闯"无人区"，实现新作为。

86 理论的生命力在于创新，理论创新从问题开始

马克思指出，每个时代总有属于它自己的问题，准确地把握并解决这些问题，就会把理论、思想和人类社会大大地向前推进一步。时代是思想之母，问题是创新之源。一切理论都是时代的产物，都在时代中创新。时代在发展过程中总是不断出现新的问题，而理论创新总是对时代新的问题作出新的解答。领导干部要想在风云变幻的时代赢得主动、在新的伟大斗争中赢得胜利，就必须坚持用马克思主义观察时代、解读时代、引领时代，在不断回答时代课题中推进实践创新、理论创新、制度创新。

理论唯有常新才能常青。毛泽东同志讲，马克思这些老祖宗的书必须读，但单靠老祖宗是不行的。观念上画地为牢，则实践中举步维艰。马克思主义是实践的产物。中国化马克思主义生命之树常青，就是因为它总是能够站在时代前列，反映时代要求，引领时代潮流，用不断创新的理论成果指导新的实践。大时代须有大创新，大创新成就大理论。进入新时代，中国特色、中国模式、中国方案、中国奇迹等，为理论创新提供不竭智能和动能。与时代为伍，领悟时代、洞彻时代，就能更好开展理论创新。当然，理论创新并非"大哲鸿儒"的专利，一般人也能成为创新主体。正如习近平总书记指出的："哲学社会科学创新可大可小，揭示一条规律是创新，提出一种学说是创新，阐明一个道理是创新，创造一种解决问题的办法也是创新。"领导干部推动理论创新，必须学懂弄通做实习近平新时代中国特色社会主义思想，学会用马克思主义立场观点

方法观察问题、分析问题，坚持不懈用党的创新理论武装头脑、滋养初心、引领使命、指导实践。

问题是理论的"接生婆"。 毛泽东同志指出，什么叫问题？问题就是事物的矛盾。哪里有没有解决的矛盾，哪里就有问题。只有聆听时代的声音，回应时代的呼唤，认真研究解决重大而紧迫的问题，才能把握住历史脉络，找到发展规律，推动理论创新。问题是实践的起点、创新的起点，也是理论的起点。牛顿通过思考苹果为什么落地发现了万有引力，瓦特通过观察水烧开时壶盖的跳动改良了蒸汽机。在发展的攻坚期、改革深水区，能否准确发现、深刻分析前进道路上的各种矛盾和问题，是检验领导理论水平和治理能力的重要标准。领导干部只有树牢问题意识，坚持识短不怕丑、揭短不怕痛、治短不犹豫，会"想问题"，敢"找问题"，解决好问题，才能履行好自身的职责使命。必须以问题为导向，以新思想定向领航，以新理念破解难题，把化解矛盾、破解难题作为打开局面的突破口，不断推进实践基础上的理论创新。

87 践行新发展理念，必须做到知行合一，知是基础、是前提，行是重点、是关键

新发展理念是我国治国理政和社会主义现代化建设的重要指导原则，是推动经济高质量发展、推动民族复兴伟业的制胜法宝。而践行新发展理念，必须坚持知行合一。习近平总书记强调："'知'

是基础、是前提，'行'是重点、是关键，必须以'知'促'行'、以'行'促'知'做到知行合一"，"道不可坐论，德不能空谈。于实处用力，从知行合一上下功夫"。

知者行之始，知之深则行之切。学习理解是贯彻的基础和前提。对新发展理念，完整准确全面理解，才能完整准确全面贯彻。党的十八大以来，以习近平同志为核心的党中央对发展形势进行科学判断，对经济社会发展提出了许多重大理论和理念，对发展理念和思路作出及时调整，其中新发展理念是最重要、最主要的。"十四五"时期我国进入新发展阶段，继续发展具有多方面优势和条件，同时我国发展不平衡不充分问题仍然突出，发展中的矛盾和问题集中体现在发展质量上。只有深刻学习和把握新发展理念，把发展质量问题摆在更为突出的位置，着力提升发展质量和效益，切实转变发展方式，推动质量变革、效率变革、动力变革，才能实现高质量发展。要深刻学习理解新发展理念的科学内涵，切实认识创新、协调、绿色、开放、共享在发展中的重要性、必要性，努力提高统筹贯彻新发展理念的能力和水平；要深刻学习理解新发展理念的重大意义，掌握其中的战略性、纲领性、引领性，更好明晰发展思路、发展方向、发展着力点；要深刻学习理解新发展理念的立场观点，牢牢掌握以人民为中心的马克思主义发展思想，把增进人民的根本利益作为新发展理念的出发点和落脚点。

行者知之成，学习的目的全在于运用。知行合一，贵在"行"，"知"就是为了正确的"行"。毛泽东同志曾指出："读书是学习，使用也是学习，而且是更重要的学习"，"对于马克思主义的理论，

要能够精通它、应用它，精通的目的全在于应用"。习近平总书记也强调："领导干部加强学习，根本目的是增强工作本领、提高解决实际问题的水平。"一切学习都不是为学而学，学习的目的全在于应用。学习理解新发展理念，目的是更好地贯彻落实。必须坚持学以致用、学用结合，切实找准新发展理念转为实践的切入点、结合点和着力点，用新发展理念武装头脑、指导实践、推动工作。要把新发展理念贯穿发展全过程和各领域，将新发展理念与具体实践紧密结合，不断促进创新成为第一动力、协调成为内生特点、绿色成为普遍形态、开放成为必由之路、共享成为根本目的，不断破解发展难题、增强发展动力、厚植发展优势，加快构建新发展格局，才能推动各项事业高质量发展，确保全面建设社会主义现代化国家。

88 把心思集中在"想干事"上，把胆识体现在"敢干事"上，把能力展现在"会干事"上，把目标落实在"干成事"上

曾国藩《治心经》中有这样一句话："以苟活为羞，以避事为耻。"说的就是为官从政理当积极干事、担当作为，对偷奸耍滑、怕事躲事感到羞愧难当、无地自容。一份责任要有一份担当，遇到问题不能回避，要想干事、敢干事、会干事、干成事，在解决问题中推动工作。干事是领导干部的本分，不干事，就是丢了本分、失

了本职，无疑是最大的耻辱。如果"避事"而不积极干事，"躲事"而不认真处事，该说的话不说、该干的事不干、该负的责不负，就会给党和人民的事业造成严重损失。领导干部绝不能做"怕事佬"，要做干事创业者。

有梦想才有动力，提升想干事的思想自觉。"畏难苟安，不是共产党人的品质。"干事是作风问题，更是思想和政治问题，不干事就是不称职，就是没有政德。要把为党分忧、为民造福作为根本政治担当，把献身党和人民的事业作为人生的最高追求，始终对党和人民的事业充满激情，孜孜以求，从不懈怠，只要是为了党的事业、人民的利益，应该做的事顶着压力也要干，应该负的责冒着风险也要担，积极作为、攻坚克难，永葆共产党人的政治本色。

有胆量才有产量，锻造敢干事的英雄气概。做干部理所当然意味着责任和付出，意味着奉献和牺牲，事都不敢做，何谈领导？当干部就不能太潇洒。要拎着乌纱帽为民干事，而不是捂着乌纱帽为己当官，在岗一分钟，战斗六十秒，甘于消耗自己，将有限的生命投入无限的事业中。越是困难大、矛盾多，越要有"逢山开路、遇水架桥"的勇气、"狭路相逢勇者胜"的胆量、"敢教日月换新天"的信心斗志，敢想过去不敢想的、敢做过去不敢做的，迎着困难上、对着问题改、越是艰险越向前，方能推动事业、成就自我。

有才气方有底气，锤炼会干事的过硬本领。真干事需要真本事，没有本事的，做起事就只能是花架子。要不断增强能力不足的危机感，勇于到艰苦基层、急难险重任务一线摸爬滚打、经受锻炼、增长才干，全面提高领导能力和执政水平，真有"两把刷子"，使自己的能力素质跟上时代节拍、与岗位职责相匹配，做到在任何情况下都能辨得清方向、想得出办法、扛得住压力、作得对决策，不断提高破解难题的能力，让自己更大胆、更稳妥地应对一切困难和问题。

要结果也要效果，既要干成又要干好。干成事，是检验领导干部执政能力的试金石、政策落地生根的路径，更是目标变为现实的关键。如果干事没有结果、没有成效，再好的目标、再好的蓝图，也只是雾里看花、画饼充饥；有了好的制度如果不求实效，制度就会成为稻草人、纸老虎。领导之要，贵在干成事、有过硬政绩。习近平总书记强调，"实干"才能"兴邦"、"干在实处"才能"走在前列"。没有实绩，领导的一切工作就无从谈起。一个领导干部能否干成事不仅体现其领导能力和领导水平，而且直接决定一个地区乃至国家经济社会发展速度的快慢、质量的好坏，关系到党和政府的公信力，直接影响党和人民事业的兴衰成败，关系到党的执政地位是否稳固。要把干成事求实效作为目标，积极进取、矢志奋斗、真抓实干，切实创造经得起实践、人民、历史检验的实绩。

89 把握好"战略与策略"，既从战略上着眼，又从策略上着手，深入研究更好落实；把握好"时效与时限"，提倡"马上就办"精神，盯住重要时间节点，一竿子插到底

在实干中推动发展，必须掌握科学的工作方法，善于梳理工作

思路，为实干注入源头活水，特别要把握好战略与策略、时效与时限，坚持大处着眼、小处着手，坚持"时度效"相统一，深入研究、马上就办，才能推动工作更好落实、效果更加明显。

"眼高手低"是抓好工作落实的基本要求。习近平总书记多次强调："全党要提高战略思维能力，不断增强工作的原则性、系统性、预见性、创造性。"这就要求领导干部"眼要高"，胸怀"国之大者"，在战略上判断得准确、谋划得科学、布局得合理、实施得有效，在追求卓越中推动党和人民事业不断前进。如果一个领导干部"眼不高"，他看问题的角度就受限，看问题的长度就变短，看问题的锐度就不大，最终受损的是党的事业。新发展阶段赋予了领导干部新的使命、新的要求，领导干部一定要胸怀全局、从战略上着眼，树立远大理想、开阔宽广视野，深入作好调查研究、抓好工作落实，切实把个人的理想与党和人民的事业、与经济社会发展和需要紧密地联系在一起，为党的事业、国家的繁荣昌盛奋斗终生，贡献力量，全力以赴、满怀激情地投入新时代改革发展的实践。但光"眼高"还不行，还必须做到"手低"，沉下心来抓落实，把决定了的工作抓实抓细抓小。手放低了，拿捏准了，工作才能一竿子插到底。必须肯弯腰、多下手，从策略上入手，从基层做起，从小事做起。在工作中要扮演好"学生"的角色，保持谦虚好学的态度，积极主动向领导、同事和群众学习；要扮演好"跑龙套"的角色，从身边细微处着手，把小事做好、做深、做细，把"龙套"跑得出新、出色、出彩，为自己积累工作经验。"眼高"和"手低"是相辅相成的，只有秉持一颗热忱的为人民服务的心，对问题能高看一眼，在落实上又能俯下身子，那么"手"就能逐渐够到眼睛看到的地方，同时，又能在亲手实践的过程中，让眼睛看到更远的地方。

"时度效"是检验工作落实的重要标尺。习近平总书记强调，新闻舆论工作必须要抓住时机、把握节奏、讲究策略，从时度效着力，体现时度效要求。这既是对新闻舆论工作的要求，也是对其他工作的要求。当前，面对高质量发展的形势任务，我们把"时度效"工作法则扩展和贯穿到抓各项工作落实、推动改革发展各个领域中也无不妥。必须大力提倡"马上就办"的工作精神，讲求工作实效，提高办事效率，以始终对国家、民族和人民的强烈历史使命感和责任感，以求真务实、高度认真的科学态度和勇于担当，把工作落到实处，在新阶段开创新局面。要注重时效，在抓落实中未雨绸缪、先人一步，切实掌握工作主动权，用最快的速度落实好领导和上级指示精神，对重大任务迅速反应、及时总结反馈，做到关键时刻靠得住、重大问题不缺位；要注重尺度，把握好工作的节奏和轻重缓急，到位不越位、不错位，以认真的态度和科学的精神，恰当地抓好工作落实；要注重实效，力戒形式主义、官僚主义，避免工作浮于表面、挂在墙上嘴上，切实推动工作落实落地，取得真真正正的效果。

第五篇

明事理
要有求真务实　躬身笃行的干事观

90 面对困难，既不能置若罔闻，更不能听风就是雨；要以充分的预见性与清醒的判断力，学会看大局、明大势，全面把握发展的主流和支流，在严峻挑战中看到光明前景，于乐观精神中保持理性，这才是面对风雨时正确的姿态

习近平总书记强调，领导干部要善于观大势、谋大局、抓大事。胸怀大局才能高屋建瓴，因势而谋；把握大势才能明辨方向，应势而动；着眼大事才能切中要害，顺势而为。面对当今世界百年未有之大变局，领导干部要做"桅杆上的瞭望者"，准确把握国内外发展形势、发展趋势等，对时与势始终保持清醒洞察。

勇者不惧，智者不惑。习近平总书记指出："战略问题是一个政党、一个国家的根本性问题。战略上判断得准确，战略上谋划得科学，战略上赢得主动，党和人民事业就大有希望。"困难，冲不破是关卡，冲破了就是坦途；挑战，战不胜是压力，战胜了就是机遇。为官做事，必须有大局意识和辩证思维，要在全局中认清形

势，找准自己的定位、履行好自己的职责。没有任何事业是一蹴而就的，没有任何发展是一帆风顺的。越是环境复杂，越是困难增多，越是任务艰巨，越要抢抓机遇不懈怠，直面困难不回避，解决问题不拖延。领导干部既要用好历史的"长镜头"，也要用好世界的"广镜头"，在危机中育新机，于变局中开新局。

困难再多不畏惧，压力再重不低头，挑战再大不退缩。"天下，势而已矣"，"善战者，求之于势"。当前，我国正处于改革攻坚期和矛盾凸显期，各种传统的和非传统的、自然的和社会的风险及矛盾共生。领导干部要牢固树立忧患意识，居安思危，切实增强危机应对和处理的能力。危急关头，只有领导干部"不急"，干部群众才能"应急"。如果领导干部先乱了分寸和阵脚，后续的处置措施可能会一再出错。领导干部要认清发展形势，把握发展规律，找准工作方向，坚持问题导向、目标导向、效果导向相统一，做到"每临大事有静气"，在关键时刻要处变不惊，从容应对，指挥若定，而不能犹豫不决、当断不断、贻误时机。面对偏激行为和失控情绪，领导干部一定要顶得住压力，经得起冲击，保持冷静和理性，有所"为"有所"不为"，避免感情用事，防止急躁盲动。

以功力涵养定力，以奋进迎接光明。佛家认为，定力是消除烦恼的禅定之力，定可生慧。推而广之，学成一门技艺，成就一项事业，特别是做好领导工作，都需要有定力。领导干部要保持信念如磐的坚定，政治清醒、立场坚定，明辨是非、把握方向，经受住各种风险和考验，永葆共产党人的政治本色；要保持处变不惊的镇定，面对安逸舒适的环境，不忘初心，身处恶劣环境，不改本色，遇到急难险重任务，沉着应对，发生突发事件，冷静处置；要涵养心静如水的淡定，顺境时，不骄傲不急躁，逆境时，不消沉不动摇。特别是遭到误解、面对偏见时，仍能泰然处之，不受世俗之见的干扰，"咬定青山不放松""不畏浮云遮望眼"，在大是大非、纷繁喧嚣中看得清、辨得明、把得准。

91 守成者没有出路，奋进者才有未来

管理学中有个"斜坡球体定律"，意思是说，一个人或组织如同斜坡上的球体，如果没有止动力，就会下滑。当今社会早已不只是"大鱼吃小鱼"的时代，更是"快鱼吃慢鱼"的时代，如果一味安于小成、躺在过去的功劳簿上飘飘然，不仅难有出路，还会坐失良机。习近平总书记强调，生活从不眷顾因循守旧、满足现状者，而将更多机遇留给勇于、敢于、善于改革创新的人们。新时代的领导干部，不能故步自封、画地为牢，要勇于奋进，追求新的希冀。

得之艰难，失之安逸。成功来之于艰难进取，失败来之于安逸享乐。毛泽东同志曾在革命即将成功前夕告诫全党，"赶考"远未结束，在和平时期要时刻警惕"糖衣炮弹"。现实中，大多数人遇到困难都能意志坚定、勇往直前，但从逆境走入顺境后，惰性就逐步抬头，容易贪图安逸、不思进取。如果在工作中取得一些成绩、

做了一些事情后，就觉得"胜利在手"，以至自我感觉良好，等到新的困难来临，必定会措手不及。必须不松懈、不歇气，以初学者的谦虚态度、干事者的积极热情投入事业，为夺取新的胜利做足准备，不断攻克一个又一个堡垒。

新故相推，生生不息。时代要发展，新事物就必然不断产生，旧事物不断灭亡，新旧交替，滚滚向前，正所谓"旧的不去，新的不来"。面对新形势新任务，谁的创新能力强、创新速度快，谁就更具生命力、更富竞争力、更能适应时代发展的潮流。如何适应新时代要求提高能力、增强本领，是摆在每一个领导干部面前的紧迫任务。领导干部只有主动适应新常态、瞄准新目标、把握新要求，不断掌握新知识、熟悉新领域、开拓新视野、谋划新举措，才能跟上时代的步伐，从容应对新挑战，肩负起时代重任。

不为模糊的未来担忧，只为清晰的现在努力。一切伟大成就都是接续奋斗的结果，一切伟大事业都是在继往开来中奋力推进的。习近平总书记反复强调"天上不会掉馅饼"，谆谆告诫不能"喘口气、歇歇脚"，就是要警告全党，创业维艰，奋斗以成，奋进者才有未来。领导干部要坚决破除迷茫等靠、封闭保守、安于现状、"过得去就行"等惰性思想，主动挑起重担、勇于涉足"盲区"，闯出一条高质量发展的路子。越是接近目标、抵近终点，越应坚持不懈、上紧发条，以永远在路上的状态不懈奋斗，才能在激烈的竞争中赢得主动，梦想成真，到达理想的彼岸。

92 求真务实，是共产党人的精神品质；真抓实干，是干事创业的不二法门

习近平总书记强调："讲实话、干实事最能检验和锤炼党性。"求真务实、真抓实干是马克思主义认识论和实践论精神实质的精辟概括，既是一种精神、一种作风，也是一种品质、一种责任，更是一种方法、一种能力。做好党和国家各项工作，关键在求真务实真抓实干，这是党的活力之所在，是党的各项事业不断取得新胜利的根本保证。对共产党人来说，愿不愿、敢不敢求真务实，体现的是思想水平；能不能、会不会真抓实干，体现的是工作能力和领导水平。唯有秉持求真务实精神真抓实干，才能探究更多未知、获得更多真理，也才能为社会作出更大贡献。

凌空蹈虚难成千秋伟业。脱离实际是阻碍事业发展的"绊脚石"，成功只有在求真务实中才能获取。求真务实是共产党人的重要思想和工作方法，是领导干部必须具备的政治品格。如果背离求真务实，就会造成形式主义泛滥、虚假浮夸之风抬头，脱离实际、脱离群众，党和人民的事业就会受到损失、遭遇挫折。领导干部坚持求真务实，必须把价值取向与目标动机紧密联系在一起，既在"求真"上下功夫，更在"务实"上做文章。要在实践中认识真理、把握规律，用发展着的马克思主义指导新的实践，用新的实践丰富和发展马克思主义，为做好党和国家工作深思深察、尽责尽力、善作善成；要尊重事实、追求真理，下真功夫和苦功夫深入基层、深入实践去调查、去研究，把客观存在的事实搞清楚，做到耳聪目

明、心中有数，带头保持和发扬务实作风，做老实人、说老实话、办老实事，使求真务实蔚然成风。

真抓实干才能梦想成真。实干是做好一切工作的前提。世界上的事情都是干出来的，不干，半点马克思主义也没有。一切难题只有在实干中才能破解，一切办法只有在实干中才能见效，一切机遇只有在实干中才能抓住用好。习近平总书记指出："各级领导干部要带头发扬劳模精神，出实策、鼓实劲、办实事，不图虚名，不务虚功，坚决反对干部群众反映强烈的形式主义、官僚主义、享乐主义和奢靡之风'四风'，以身作则带领群众把各项工作落到实处。"做官务必做事，做事决不作秀。领导干部必须以肯干提升境界、以敢干展示气魄、以实干赢得尊重，既吃得了苦又吃得了亏，既能受累又能受气，既出"显绩"也出"潜绩"。要坚决反对形式主义、官僚主义，不图虚名、不务虚功，不搞花架子、不做表面文章，以实的作风、实的举措，抓实问题、开实药方，实实在在解决问题。

93 精心谋划、潜心干事，力戒形式主义、官僚主义，不能急于求成

习近平总书记强调，领导干部要有强烈的事业心和责任感，精心谋事、潜心干事，努力为人民多作贡献，真正在群众心中留下一点"影"、留下一点"声"、留下一点印象。凌空蹈虚，难成千秋之

业；求真务实，方能善作善成。领导干部要成就一番事业，既要当好善谋全局的"指挥官"，做好整体设计、科学谋划，制定明确的"时间表"和"路线图"，又要当好身先士卒的"排头兵"，扑下身子、干在一线，倡导求实、务实、扎实的作风，奋发有为抓好各项工作落实。

宁可算了吃，不可吃了算。俗话说，你有你的计划，世界另有计划。计划永远赶不上变化，明天还有明天的事情，现在就是最好的开始。不干好今天就难以把握明天，不谋划好明天就难以引领今天。辩证唯物主义告诉我们，要能动地改造世界必须首先正确地认识世界。面对烦琐的工作不开动脑筋，不找准问题症结、把握事物规律，仅一味地蛮干，到头来往往是"竹篮打水一场空"。人无远虑，必有近忧。前进道路上还会遇到各种可以预见和难以预见的风险挑战，领导干部既要行动在今天，干好已经定下来的事情，也要谋划好明天，始终接续不断、持续向前地推动事业向更高目标发展。要学会长计划短安排、有需要就行动。用好历史的"长镜头"、世界的"广角镜"、求是的"显微镜"，总结经验规律，把握发展脉络，坚定前进方向，有条不紊地把事情做好。

形式主义和官僚主义都不是什么好主义。习近平总书记指出："形式主义、官僚主义同我们党的性质宗旨和优良作风格格不入，是我们党的大敌、人民的大敌。"形式主义实质是主观主义、功利主义，根源是政绩观错位、责任心缺失；官僚主义实质是封建残余思想作祟，根源是官本位思想严重、权力观扭曲。官僚主义依靠形式主义装饰门面，形式主义依靠官僚主义求得生存，二者有着相同的思想根源，说到底都是脱离实际的主观主义，贪图名利的功利主义。形式主义、官僚主义问题不是简单的工作作风问题，而是关系党的生死存亡的大问题；不是简单的对事对人的态度问题，而是关系我们的立场站得对不对、稳不稳的问题。领导干部的一言一行、一举一动，群众都看在眼里、记在心上。必须把反对形式主义、官僚主义作为重要政治纪律、政治规矩来对待，努力改进思想作风、工作作风、领导作风、生活作风，努力改进学风、文风、会风，使党风"清新扑鼻"。

一心向着目标前进，整个世界会让路。孙中山先生说，无论哪一件事，只要从头至尾彻底做成功，便是大事。目标就是力量，坚守目标才能心无旁骛。因为坚持，李时珍用20多年完成《本草纲目》，司马迁用10多年写成《史记》这部不朽的巨著。当前，一些工作之所以存在问题和不足，不是失之于方向不明、道理不清、布局不对，而是因为聚焦不够、专注不足、落实不好。领导干部要做的事情很多，最考究其智慧的，就是分管的工作一件都不能少，每一件都必须要办好，而要做到这一点，关键就是要集中注意力，做到心无旁骛干事业。要"专心"，把心思用在思考、谋划、推动发展上，认真对待手中的每一件事情，做到日积月累、积少成多、汇小成大；要"专注"，发扬"安、专、迷"的精神，保持深度工作状态，在研究状态下工作，聚精会神干事业、一心一意谋发展。

94 践行孺子牛服务精神、拓荒牛创新精神、老黄牛奋斗精神，惜时奋蹄、实干笃行

"老牛亦解韶光贵，不待扬鞭自奋蹄"，习近平总书记号召全党发扬孺子牛精神、拓荒牛精神、老黄牛精神。革命、建设、改革一路走来，我们党依靠人民战胜了艰难险阻，创造了伟大奇迹，然而，随着我国社会主要矛盾变化和国际力量对比深刻调整，在前进道路上，必将面临更加复杂严峻的各种风险挑战，征途漫漫，唯有奋斗。人的工作和生命是有限的，但是事业无限、价值永恒，对领导干部而言，当此紧要之时，必须保持一颗实干之心，以风雨无阻向前进的奋发姿态，冲破险阻、闯关夺隘，为实现中华民族伟大复兴提供势不可挡的磅礴力量。

以真情凝聚民心，用实干服务群众。习近平总书记多次指出，人民对美好生活的向往是我们为之奋斗的目标。领导干部是人民的公仆，如何更好地为群众服好务，让群众有更大的获得感，是所有干部都需要认真思考的。领导干部要实实在在地沉下去，倾听群众的喜怒哀乐、愿望诉求，把群众的事当作自己的事，把群众的心声当作自己的心声，推心置腹，设身处地，不走过场，不求形势，不打官腔，走好基层，摸好底，为服务群众打好基础；要办实事，加强与基层群众的直接联系，积极为群众排忧解难，做好分类指导，比如对各村产业发展、农田水利建设、道路建设等问题进行指导和帮扶，推动民生改善，对群众反映的问题和矛盾，及时协调解决，作出答复，不能解决的要及时反馈说明。

在实干中创新，在创新中前行。发展是第一要务，人才是第一资源，创新是第一动力。习近平总书记在会见探月工程嫦娥四号任务参研参试人员代表时强调："伟大事业都始于梦想"，"伟大事业都基于创新"，"伟大事业都成于实干"。高质量发展需要创新作为动力，而创新必须落在实干上。深圳深南大道的"拓荒牛"雕像，传递着特区40多年来改革创新、敢为人先、先行先试的精神特质。创新是一场不凡的征程，需要有勇气、有魄力、有实干。领导干部要坚定意志攀登高峰，矢志做创新实干的领跑者，知重负重、知责担责，勇于和善于在党和人民最需要的地方披荆斩棘、冲锋陷阵，勇于和善于在本职岗位上当好排头兵、创造新业绩，为我们风华正茂的百年大党、朝气蓬勃的新时代增光添彩。

用实干创造历史，以奋斗成就未来。王安石有诗云，"朝耕及露下，暮耕连月出。自无一毛利，主有千箱实"，赞扬的就是老黄牛的奋斗和实干精神。实践告诉我们，一切办法，只有在奋斗实干中才能找到；一切问题，只有在奋斗实干中才能解决；一切机遇，只有在奋斗实干中才能抓住。奋斗实干是最好的领导方法，也是过硬的领导能力。领导干部要不驰于空想，不骛于虚声，勇做只争朝夕的行动者、脚踏实地的实干家，像老黄牛那样精耕细作、无怨无悔，乐于挑最重的担子、啃最硬的骨头，扑下身子、狠抓落实，说到做到、干就实干。

95 为政之要，贵在落实；落实之要，贵在执行

一分部署，九分落实。任何工作任务、目标要求、价值取向只有落地才能奏效，只有在基层生根发芽、开花结果才有生命力，只有在实践中经受检验才知好坏。习近平总书记指出，抓落实，是党的政治路线、思想路线、群众路线的根本要求，也是衡量领导干部党性和政绩观的重要标志。落实得好不好，执行得怎么样，是我们党执政能力的重要体现，也是对各级领导干部工作能力的重要检验。现实中，有些领导干部不重视、不愿意、不善于抓落实，有的"唱功"好、"做功"差，看"倒车镜"多、吹"冲锋号"少；有的搞选择性落实，上有政策、下有对策，结果在一片落实声中落空。作为领导干部，不仅应是科学的决策者，更应是一个能推动决策不折不扣贯彻执行的落实者。

*托之空言，莫如见之实行。*眼前有了繁花，并不等于手中就有了鲜蜜。不落实到结果上的战略都是空话。要把美好的蓝图变为现实，唯有鼓实劲、出实招、求实效，拿出时不我待的不懈干劲、马上就办的雷厉风行，不驰于空想、不骛于虚声，绵绵用力，久久为功，一张蓝图绘到底，才能跑好历史接力赛中的这一棒，迎来民族复兴的壮丽曙光。事由人干，人随事转，事事落实，则事业有成。领导干部必须把抓落实作为一个政治命题，贯穿于推动发展、改进工作、成就事业的全过程，抓落实决不能遇到好事就"抢篮球"、遇到难事就"踢皮球"、遇到琐事就"打擦边球"，也不能怕出错、怕麻烦、怕吃亏就不落实。

　　执行不到位，一切全作废。一个好的策略，只有在成功执行后才能显示其价值。执行不是简单的行动力，不是"做了"就等于"做好了"，仅停留在"做"事情上，不仅难以达到预定目标，还会浪费资源、麻痹自己。执行必须是有结果的行动，没有实际效果的执行是装模作样，毫无意义。现实中，很多人在执行过程中缺乏紧迫感，经常延误拖沓，总是进度慢于计划；还有的不注重执行的效果管理，常常敷衍了事，机械执行，不讲质量。当政策目标确定后，做事"由东"，才能靶向用力，不偏不倚。执行力的速度和质量是成败的关键，要树立强烈的时间观念和效益观念，以服从、诚实的态度，以负责敬业的精神，以时不我待、只争朝夕的高效作风，不讲条件、不找借口、不推责任，保持快节奏、追求高效率，抓好各项工作执行。

96　这个招，那个招，不落实都是虚招；这本事，那本事，落实好了才是真本事

　　做样子就是做虚功。习近平总书记强调："把抓落实的出发点放到为党尽责、为民造福上，而不是树立自身形象、为自己升迁铺路；把抓落实的落脚点放到办实事、求实效上，而不是追求表面政绩，搞华而不实、劳民伤财的'形象工程'；把抓落实的重点放到立足现实、着眼长远、打好基础上，而不是盲目攀比、涸泽而渔。"毛泽东同志曾说："什么东西只有抓得紧，毫不放松，才能抓住。抓而不紧，

等于不抓。"一项工作、一项政策看起来再"美"，如果没有落到实处，一切都是白费。作为党的事业的关键因素，领导干部要把狠抓落实、抓好落实作为一种政治自觉、一种能力要求、一种工作操守。

落实是一切工作的归宿。抓落实的过程和目的其实就是把党和国家各项方针政策、工作部署和措施要求落实到实践中去，落实到基层中去，落实到群众中去，使之成为广大党员、干部、群众的自觉行动，以确保党和国家确定的目标任务顺利实现。一个地区发展的快慢取决于落实的成效，工作的差距很大程度上是落实的差距。如果把功夫下在"纸上""字上""嘴上"，看似反应迅速、态度坚决，实质是糊弄了事、应付过关，结果只是在强化声中弱化、在落实声中落空。抓落实，看似平常，实则不易，"善谈者未必善为"，推进工作不仅要"善谈"，还要"善为"，领导干部要在抓落实上带好头，把责任扛在肩上，以钉钉子精神一抓到底，才能把"两个一百年"奋斗目标和伟大复兴中国梦的奋斗目标变为现实。

务实才能落实，高效才能长效。如果问飞行员飞机飞行过程中哪个环节最难，他们一致的回答是：落地最难！安全降落是飞行员的硬功夫、硬本领，更是对飞行员的最大信任和期待。领导干部肩负光荣使命，将一系列决策部署转化为实实在在的获得感，是对其党性、品行、担当和能力的巨大考验。要提高站位抓落实，把具体工作放在党和国家工作全局，放到一个地方、一个部门、一个领域工作大局中来谋划和落实，在服务和融入经济社会发展大局中展现新作为、彰显更大价值；要结合实际抓落实，把上级指示精神与本地区、本部门、本单位实际情况紧密结合、有机统一起来，最大限度地用好用活各项政策；要紧扣问题抓落实，有什么问题就解决什么问题，什么问题突出就重点解决什么问题，采取切实可行的办法和措施，真正把任务完成情况作为评价工作实绩的基本依据，既重过程，更看结果效果。

97 风气之变在于管，落实之要在于严

抓落实、求实效，是衡量领导干部忠诚履职尽责的重要标尺。习近平总书记指出，领导工作要实，做到谋划实、推进实、作风实，求真务实，真抓实干。落而不实，表面上是方法问题，实质是作风问题。作风过硬，抓落实才会有力度和效力。

作风严而不弛则正，谋事实而不虚就成。"一处弛则百处懈"，在抓落实上，要求上一旦放松，标准上一旦降低，风气上一旦从宽，纪律规矩就没有了刚性的约束，抓落实就会流于形式。习近平总书记说："抓落实来不得花拳绣腿，光喊口号、不行动不行，单单开会、发文件不够，必须落到实处。"抓落实自始至终，在思想上不能有丝毫松懈，在标准上不能有丝毫降低，在力度上不能有丝毫减弱。只有力戒形式主义、官僚主义，大力弘扬崇尚实干、狠抓落实的良好风气，坚持"标准定得高、尺子把得严、功夫下得深"，时时严、处处严、人人严，坚决杜绝"一阵风"现象，才能取得扎扎实实的成效。

没有高标准严要求，就不会有高质量高水平。毛泽东同志曾强

调："什么东西只有抓得很紧，毫不放松，才能抓住。"把各项工作落到实处、严在日常，抓在经常。现实中，有些干部工作作风"庸懒散浮拖"，抓落实严而不实、实而不细、细而不全、全而不紧，以"作秀"代替"做事"，把"说了"当作"办了"，不仅劳民伤财，而且群众不满意。抓落实自始至终都要有严的标准、严的措施、严的监督。领导干部要以严肃认真的工作态度，严谨细致的工作作风，严格按照工作规章、工作流程、工作规定抓好落实，确保落实过程不偏；要铲除工作中的形式主义、官僚主义，以抓铁有痕、不胜不休的韧劲，以不为失败找理由、只为成功想办法的态度，确保把每件事情办到位、落到底；要树立自觉接受监督、诚恳接受监督、乐于接受监督的意识，养成在监督下干事、在监督下抓工作落实的思想自觉，习惯在制约和监督的环境下履行职责、开展工作。

98 决策定一条是一条，条条算数，工作干一件成一件，件件落实

习近平总书记强调年轻干部要提高七种能力，其中就包含科学决策能力和抓落实能力。作出决策部署只是第一步，只有强化执行到位，一项一项狠抓落实，一步一步有序推进，决策部署才能落地见效。领导干部只有抓好党和国家各项方针政策的制定和执行，并将之落实到实践中去，落实到基层中去，落实到群众中去，才能确保党和国家确定的目标任务顺利实现。

决策的生命在于执行到位。决策是人们在政治、经济和社会活动中，对未来实践的目标、方向、原则、方法、途径等作出某种判断与选择。决策是行动的起点、落实的前提，规定着路径、引领着方向、决定着未来。决策是领导者的责任，也是领导工作的核心，贯穿于领导工作的各个方面。习近平总书记强调，作决策一定要开展可行性研究，多方听取意见，综合评判，科学取舍。只有做到科学决策、民主决策、依法决策，在把握客观规律的基础上确定工作的目标和举措，工作落实才有方向、有遵循、有成效。领导干部要对国之大者心中有数，善于把地区和部门的工作融入党和国家事业大棋局，提升运用法治思维和法治方式的能力，深入研究、综合分析，倾听人民呼声，汲取人民智慧，全面权衡，科学决断。

工作的关键在于解决问题。抓落实的本质就是解决问题、要见成效，不解决问题的落实是花拳绣腿、无用功。如果落实工作抓不出成效，形不成亮点，就好比推舟于陆，再好的方针、政策、措施也会落空，再伟大的目标任务也实现不了。定决策、抓落实不仅要求结果，更要重效果。对上级部署的事、看准的事和定下的事，领导干部要适应新形势、新情况、新要求，从实际出发，在落实中发现矛盾、在落实中寻找办法、在落实中解决问题；要从细处入手，创造性开展工作，力戒依样画葫芦、上下一般粗，确保工作能够真正落实到基层，实现动机和效果、形式与内容的统一；坚持以落实为标准，紧盯从决策形成到落地见效的每一个环节，坚持打井见水、善作善成，确保落得下、落得实、落得好。

99 增强狠抓落实本领，坚持说实话、谋实事、出实招、求实效，把雷厉风行和久久为功有机结合起来，勇于攻坚克难，以钉钉子精神做实做细做好各项工作

抓落实，是党的政治路线、思想路线、群众路线的根本要求，也是衡量领导干部党性和政绩观的重要标志。狠抓落实本领，是习近平总书记在十九大报告中要求全党增强的八种本领之一。既要说实话、谋实事、出实招、求实效，又要把雷厉风行和久久为功有机结合起来，才能做实做细做好各项工作。

这能力那能力，不会落实就是没能力。习近平总书记指出："崇尚实干、狠抓落实是我反复强调的。如果不沉下心来抓落实，再好的目标，再好的蓝图，也只是镜中花、水中月。"狠抓落实不仅是一种本领，更是一门艺术。增强狠抓落实本领，掌握做实做细做好各项工作的科学方法至关重要。只有全面增强狠抓落实本领，拿出真抓的实劲、敢抓的狠劲、善抓的巧劲、常抓的韧劲，才能切实推动各项工作全部落实。领导干部既要增强讲落实的功力、谋落实的脑力、出实招的实力、解决问题的效力，也要把雷厉风行和久久为功有机结合起来抓落实。

只有实打实，才能出实效。反对空谈、强调实干、注重落实，是我们党的优良传统。习近平总书记曾指出，一定要树立求实精神，抓实事，求实效，真刀真枪干一场。衡量一个干部的好与差，就是看他能不能办实事，能不能打开局面。要坚决扭转议而不决、决而不行，唱高调、尚空谈等假大空的恶习。现实中，有的领导干

部急于"落"而怠于"实",只关注"做了"与否却不顾有没有"做实""做好",结果往往华而不实,难以取得实绩。抓工作目的在于落"实",标准在于落"实",动力在于落"实",方法亦在于落"实"。只有说话说实话,谋事谋实事,出招出实招,才能取得实效。领导干部要讲清工作的形势、任务和困难,不犹抱琵琶,不矫揉造作,不文过饰非,不巧言令色,不唯上只唯实;要直面落实工作所涉及的事务,从实际出发谋划事业和工作,求真务实,实事求是;要拿出切实可行的落实办法,真解决问题,解决真问题;要真抓实干,确保抓落实取得成效,不仅取得效果,而且讲究效率,增强效益。

蹄疾走日月,步稳度关山。雷厉风行是"蹄疾",是一种言出必行的态度,是"今天再晚也是早、明天再早也是晚"的作风;久久为功是"步稳",是一种"功成不必在我"无私奉献的胸怀,是"一茬接着一茬干"坚忍不拔的意志。党的十九大报告鲜明提出增强狠抓落实本领的要求,强调把雷厉风行和久久为功有机结合起来。如果只讲雷厉风行,可能欲速则不达;如果只讲久久为功,就可能动作迟缓、效率不高。只有把雷厉风行和久久为功有机结合起来,既紧抓快办又常抓不懈,既避免急于求成又避免节奏拖沓,才能把事业向前推进,让梦想照进现实。工作早安排、早落实,就能抢抓发展机遇;被动应付,只会贻误发展大局。领导干部要雷厉风行抓落实,该办的事要坚决办,能办的事要马上办;要一个堡垒一个堡垒攻,一个节点一个节点破,打通"中梗阻",畅通"最后一公里",以推动工作落实见底见效。

100 保持不驰于空想、不骛于虚声的政务理念，"功成不必在我、功成必定有我"的从政情怀，滴水穿石、久久为功的为政定力，铆在本职岗位，主动担当作为

习近平总书记在不同场合反复强调担当是领导干部必备的基本素质，并身体力行、率先垂范，为广大领导干部树立了榜样。一个钉子一个眼，领导岗位都是为干事而设的，如果心猿意马、三心二意，是不能成事甚至还会坏事的。安心、热衷本职岗位，是做好一切工作的基础，是每个领导干部都应具备的职业道德，更是担当作为的前提。领导干部要以求真务实的理念、无私奉献的情怀、久久为功的定力，坚持做到干一行爱一行，专一行精一行，履职尽责，主动担当。

兴求真务实之风，谋脚踏实地之效。真干事是最好的担当，也是最大的作为。如果不愿担责就不要当领导，不能担责就不该当领导，不敢担责就不配当领导。担当，不是"喊"担当、不是"伪"担当；作为，不是虚作为、更不是乱作为。担当作为的干部不喊"给我冲"，而喊"跟我上"；不是戴着乌纱帽做官，而是拎着乌纱帽干事。当前，"十四五"规划建设的宏伟画卷铺展开来。面对推动经济社会高质量发展这一历史任务，领导干部必须以"撸起袖子加油干"的真干精神，力戒空谈、真抓真干，把全部心思放到谋发展上，把全部精力用到真干事上，把全部激情调动到干成事上，以真心行实政、以真干求实效，奋力干出新业绩、开创发展新局面，真真切切地为老百姓干事。

　　怀为民奉献之心，倾为民干事之情。"'功成不必在我'的精神境界、'功成必定有我'的历史担当"，这是习近平总书记关于正确政绩观的生动表达。"有我"是担当、"无我"是境界，建业胜于功名。领导干部要想真正在群众心目中留下一点"影"、留下一点"声"、留下一点印象，就要精心谋事、潜心干事，努力为人民多作贡献，决不能靠作秀、取宠、讨巧，博取一些廉价的掌声。纵观历史长河，从三过家门而不入的大禹、立志改革的商鞅、精忠报国的岳飞到现在的"草帽书记"杨善洲、"孺子牛"牛玉儒，都是为中国之奋起而鞠躬尽瘁的实干家，他们都在用生命告诉世人，工作不是"表演"，奇迹是干出来的。领导干部要树立正确政绩观，淡化"官欲"，端正"官念"，甘当"铺路石"，树立"功成不必在我"的理念和境界，多做打基础、管根本、利长远的事，真正把好事办好、把实事办实。

　　立决定不移之志，铆坚贞永固之力。"不经一番寒彻骨，怎得梅花扑鼻香"，凌寒怒放的梅花，一直盛开在中国人的精神世界，昭示着一份不争春的从容、不畏寒的定力。事物发展是一个曲折的、渐进的过程，只有量的不断积累，才能发生质的变化。人类的美好理想，都不可能唾手可得，都离不开筚路蓝缕的艰苦奋斗。面对各种困难和考验，我们党之所以"千磨万击还坚劲"，始终"咬定青山不放松"，最根本的是因为我们党作为一个人民的政党，没有任何自己的私利，抱定的是"为人民谋幸福，为民族谋复兴"的初心，崇尚的是"苟利国家生死以，岂因祸福避趋之"的情操。领导干部更应立足本职、埋头苦干，把那些复杂、棘手、艰难和有风险的事当作"磨刀石",披荆斩棘、奋勇前行,扎扎实实创造出无愧于时代的一流业绩。

101 时刻保持"满电状态",拧紧"责任螺丝",把问题想在前面,把功夫用在平时

习近平总书记强调:"良好的精神状态,是做好一切工作的重要前提。"新征程上,我们不可避免会遇到重大挑战、重大风险、重大阻力、重大矛盾,只有始终在职在岗在状态,精心谋事、用心干事、敢于担事,做好较长时间应对外部环境变化的思想准备和工作准备,做到任凭风浪起、勇开顶风船,才能在危机中育新机、于变局中开新局。

时刻"在状态",才能适应新形势。"在状态"是干事之需,是成事之要。对于领导干部而言,理当"在其位、谋其政",把岗位当平台,把工作当追求,有所坚守,有所舍弃,执着向往,乐此不疲。现实中,有的领导干部只对做官"在状态",得到晋升就"在状态",一旦晋升无望时便偏离"状态";有的干得顺利时"在状态",遇到挫折、不太顺利时就"心不在焉"。一个单位,"不在状态"的人多了,"混"的风气浓了,"干"的劲头就小了。当前,改革发展任务形势迫人、时不我待,尤需领导干部调整好心态、振奋好状态,带领干部群众奋发进取、闯关夺隘。

责任"悬空",工作就会"落空"。螺丝扣不紧,责任自然会

"跑冒滴漏"。古人云："天下无易成之业，而亦无不可成之业，各守乃业，则业无不成。"工作能不能落实到位，明确责任主体是前提，落实责任是关键。现实中，有的地方抓工作"九龙治水"，结果是"一锅责任粥，一笔糊涂账"。开启新征程、开局"十四五"，各项工作千头万绪，有的需要跨领域统筹，有的需要多部门合作，还有的需要多区域协同作战。领导干部只有时刻紧绷责任之弦，压实责任链条，明确责任单位，细化任务安排，强化督导问责，才能形成上下衔接、横向协调、便于落实的责任体系。

宁输数子，勿失一先。古人云，"善先手者得主动"。下好先手棋，才能打好主动仗。毛泽东同志在《论持久战》中指出："'凡事预则立，不预则废'，没有事先的计划和准备，就不能获得战争的胜利。"战争如此，做人、做官、做事何尝不是如此。说话前准备充分，就不会词不达意；事前周密计划，就不会得不偿失。有备方能无患，只有立足最复杂的情况做好准备，才能把握主动权，确保一旦有事能扛得住、应对得了。领导干部须增强风险防控意识，把困难想在前，把工作做在先，坚决克服"寅吃卯粮"的短期行为和急功近利思想，多手准备、疏而不漏，做到事前有预测、事中有对接、事后有补救，任何情况都能及时掌控、有效应对。

102 传导责任不是推卸责任，传导压力不是推卸压力

明确合理的上下级责任关系是确保政令畅通、推动工作落实的

重要基础。从管理学角度看，一级抓一级、层层抓落实，是管理的有效手段。但是，级别是管理的需要，而非推卸责任、推卸压力的借口。习近平总书记强调："担当就是责任，好干部必须有责任重于泰山的意识"，"为了党和人民事业，我们的干部要敢想、敢做、敢当"。对领导干部来说，责任和压力是与生俱来的，不可推卸的，尽责和担当责无旁贷。

履责不"推责"，担责不"甩锅"。压实责任、传导压力本是为推动工作落实，促进政策更好落地。然而，一味过度地压着干，假借"责任下沉"之名，行"责任甩锅"之实，甚至把"责任下移"当成"免责单""护身符"，表面上人人负责、事实上层层卸责，就是不担当、不作为，是典型的官僚主义作风。不仅贻误工作、劳民伤财，更从根子上背离了党性、丢掉了宗旨。有的部门热衷于"责任下移"，其过程容易出现权责不一、权责不清等问题。下级部门如果缺少相应的权限及人财物等配套资源，推动工作将困难重重、事倍功半，影响工作的有效落实和连续性，也容易致使干部干事"有心无力""费力不讨好"。有的领导干部责任意识淡薄，工作推诿扯皮、得过且过，把职务看成享受、把平台当作本事，不敢担当、不愿担当、不能担当，凡此种种，终将贻误党的事业，也终将被党和组织所唾弃。"为官避事平生耻"，领导岗位不是休息场所，职位越高，责任越大。无论身居何种岗位、何种职务，只有切实扛起肩上的责任，踏踏实实干事、本本分分尽责，才对得起领导干部这个身份。

层层把责任担在肩上，人人把使命放在心上。喷泉之所以漂亮，是因为有压力；瀑布之所以壮观，是因为没有退路。习近平总书记曾指出："组织上让我们当领导干部，就是派我们在这里站岗放哨，这叫守土有责。"领导干部必须把责任和压力扛在肩上，把使命和担当放在心中，始终做到人在岗上、身在事上、心在责上。要牢固树立"阵地意识"，经常对照岗位职责和初心使命，对标对表党中央决策部署，经常扪心自问自己的职责所在，准确定位自己，按角色办事，忠于职守、临难不怯，发扬"我是领导干部让我上"的责任精神，不断鞭策、敦促、提醒自己明白责任、敢于负责，保一方平安、强一方经济、富一方百姓；要坚决破除下移式"推责"，明确各个环节和要求，细化目标任务，形成责任具体、环环相扣的"责任链"，以"不落实之事"倒查"不落实之人"，转作风才能逐步向纵深推进；要清晰传达上级要求，确保统一思想认识，提高行动自觉，同时要投入时间、投入精力、深入一线、靠前指挥，把好质量关，掌握下级落实的情况和存在的问题，及时帮助下级解决面临的问题。

103 身体力行是最有效的示范，以上率下是最有力的引导

"人不率则不从，身不先则不信。"如果要求别人做到的，自己却做不到；要求别人不做的，自己却在做，要求就没有号召力。习近平总书记强调，领导机关和领导干部必须作表率、打头阵。领导干部带头冲在前、干在先，是我们党走向成功的关键。上级光打雷不下雨，下级也便不推不动；上级装模作样不下实功，下级也便虚与委蛇虚应一番。领导干部只有要求别人做到的，自己首先做

到，处处以身作则、率先垂范，说话才有底气，办事才有硬气，大家才会服气。

少做"指挥员"，多做"战斗员"；喊破"嗓子"，不如甩开"膀子"。"善为国者，必先治其身。"无论是革命战争年代还是和平建设时期，正是因为有一大批作表率、打头阵的英雄模范，我们党才能团结带领人民战胜一个又一个艰难险阻，取得一个又一个伟大胜利。领导干部最有效的力量就是带头担当，"为人民服务，担当起该担当的责任"，这是习近平总书记的执政理念，也是共产党员一以贯之的优良品格。然而，在实际工作生活中，有的领导干部喜欢撸起袖子加油喊，喜欢只表态不表率；有的在工作推进过程中撒手不管，当甩手掌柜；还有的只提要求不教方法、只给任务不给条件，没有指导帮带、没有跟踪问效，一旦工作质量不高、任务完成不了，便推卸责任。如果只喊口号，不真抓实干走形式，下级也跟着效仿，最终的结果就是什么工作也干不好。领导干部不要认为自己身处"上一级"就高高在上、不可一世，一级做事多级看，优绩劣迹都在大家眼睛里。在上面要求人、在后面推动人，都不如在前面带动人，只有领导干部不搞以"声"作则，不仅做推动者、宣传者，更是带头人、践行者，变"给我上"为"跟我上"，"以一当十"积极示范，领导集体才能成为群众的定盘星。

领导带头，万事不愁；攻坚克难，首看标杆。"其身正，不令而行，其身不正，虽令不从"，既表态又表率，以身作则才有感召力。习近平总书记指出，领导干部既要带领大家一起定好盘子、理清路子、开对方子，又要做到重要任务亲自部署、关键环节亲自把关、落实情况亲自督查，不能高高在上、凌空蹈虚，不能只挂帅不出征。要当先锋打头阵，引领正确前进方向，为人民群众作榜样，"带动一批"，一级带着一级干，努力当好"领头雁""排头兵"，真正在示范引领中推动改革发展；要着眼于当下，始终保持强烈的责任感，以真抓的实劲、敢抓的狠劲、善抓的巧劲、常抓的韧劲，干事创业、履职尽责、勇挑重担，在担当尽责当中激发自己的全部能量；要善于抓大事、管宏观，走一线、解难题，涉险滩、破坚冰，攻堡垒、拔城池，拿出水滴石穿的毅力，做到责任过硬、干劲十足；要不计个人得失，不徘徊观望，以坚决坚毅的党性和人民性，以"为党和国家长远计、为子孙后代万世谋"的责任担当，逢山开路、遇水架桥，推进一系列大事要事，攻克一系列难题难关，努力作出无愧于时代、无愧于人民、无愧于历史的业绩。

104 防止"责任甩锅"，纠正"问责走样"

俗话说，"上面千条线，下面一根针"。基层是各项工作推进的第一线，是服务群众的"最后一公里"。而基层干部责大权小，甚至有责无权的现象较为普遍。现实中，不少原由上级部门担负的职责纷纷"甩锅"给了基层，借"责任书"的名义，把自己本该承担的责任传递下去、分流下去，动辄就对基层干部问责。其本质上是上级机关及其领导干部不担当、不作为，是形式主义、官僚主义在作祟，让基层干部感叹"上面千把锤、下面一根钉"。这样的行为，不仅是对自己工作的不负责任，更给基层带来了沉重的负担和心理压力，最后"背锅"的只能是老百姓。

层层压实责任，不能层层推卸责任。从行政管理角度看，责任分工本来是为上下级之间的权责划出清晰界限。上级部门和基层一线理应是和谐共生、荣辱与共的合作关系，各司其职，形成上下"一盘棋"。上级部门之所以可以随意"甩锅"，在于权力不对等。有多大权力，就应该有多大责任，上级部门要制定责任清单、厘清职能职责，实现权责统一，让不该摊派下放的责任止于部门，让不该推诿转包的任务止于自身。而对那些推卸责任的部门人员实行严肃问责，为基层减负增能，把干部从一些无谓的事务中解脱出来。

一级抓一级，更要一级带一级。"火车跑得快，全靠车头带。"当前，改革正在加速推进，很多领域已经进入了改革的"深水区""无人区"，很多工作在具体开展的过程中，无旧章可循、无先例可依。越是这个时候，上下级的干部越需要勠力同心，而不是在责任面前上推下卸，层层扯皮。"责任甩锅"是一种投机取巧行为，其因有三：一是不想作为，官僚习气严重；二是不敢作为，缺乏担当精神；三是不会作为，存在本领恐慌。"甩锅者"明明是"运动员"，却乐当"裁判员"；明明是"局中人"，却甘当"旁观者"。"国事之败，只缘推诿者多，担当者少。"上级部门要从根本上强化主体责任意识，打好主动仗、下好先手棋，变层层推卸为主动作为、变发号施令为事必躬亲、变高高在上为脚沾地气，从源头上消除官僚主义和机关作风，让基层干部轻松上阵。

权力不能任性，问责亦不能任性。失责必问、问责必严，这本是天经地义的道理。但如果问责"凑数"，问责泛化、简单化、随意化，制度之尺就会失去平衡，官威权威之风就会盛行。要精准问责，该是哪一级的责任就是哪一级的责任，责任书不能作为安排工作、履职免责的挡箭牌，坚决防止责任书变身"甩锅书"。问责绝非用各种条条框框束缚干部，使其不敢放开手脚做事，而是要掌握好时、度、效，坚持严管与厚爱结合，规范问责、精准问责、慎重问责，建立容错纠错机制，真正起到问责一个、警醒一片的效果，让每一名干部点燃干事热情、焕发创业激情。

105 千难万难，畏难才真难；这难那难，克难就不难

"困难像弹簧，你强它就弱，你弱它就强。"大石拦路，勇者视为前进的阶梯，弱者视为前进的障碍。要蹚出一条新路，没有现成答案，需要不断探索、迎难而上。干事创业的过程不可能一路通畅、没有任何阻碍，越是困难、艰苦，越是考验干部、成就干部。只有经历风雨、风霜的砥砺，才能变成熟，才能成长为不怕难事、敢于扛事、愿意干事、能干成事的好干部，这是干部自身成长的重要规律。领导干部在困难和矛盾面前，不能止步不前、绕道而行、半途而废，而要敢于吃螃蟹、涉险滩、破藩篱、担责任。

唯其艰难，方显勇毅；唯其磨砺，始得玉成。艰难困苦，给人带来许多困扰、痛苦甚至是煎熬，人们都不喜欢它。但同时，这些磨难又能像打磨玉石一样磨砺人的意志，使之终有所成。任何伟大

的事业都不是轻而易举、轻轻松松就能做成的，"容易"干不成大事业。不经巨大的困难，不会有伟大的事业。中国共产党的成长史、奋斗史就是一部苦难辉煌的历史，历经磨难、百折不挠，无论是弱小还是强大，无论是顺境还是逆境，我们党都初心不改、矢志不渝，团结带领人民历经千难万险，付出巨大牺牲，攻克了一个又一个看似不可攻克的难关，创造了一个又一个彪炳史册的人间奇迹。

一个人最大的破产是绝望，最大的资产是希望。人生在世，不可能事事尽如人意，但也从来没有真正的绝境，有的只是绝望的思维。对待磨难的态度，决定了人生的高度。很多时候，希望并不会大摇大摆地走出来让你看到，而是隐藏在危机之中、困难之中，不是看到了希望才去坚持，而是坚持了才有希望。只要心灵不曾干涸，再荒凉的土地，也会变成生机勃勃的绿洲。不管是顺境还是困境，有希望就有目标，有目标就有动力，促使人以最积极的心态去面对工作和生活。要始终心中充满阳光，凡事尽量从好的方面看，以积极的心态挺过危机、解决困难，用希望的阳光驱散生活的雾霾，始终保持最佳的身心状态。

事到难处须放胆，越是艰险越向前。艰难困苦蕴含希望，只有不畏艰难、苦干实干才能赢得先机。只有经过艰难困苦的磨砺，才能褪掉娇气傲气，锤炼出坚强的意志品质、高超的能力本领、过硬的工作作风，扛得了重活、打得了硬仗、担得了重任。不为困难找借口，只为成功找方法。成功者改变方法而不改变目标，失败者改变目标而不改变方法。要增强迎难而上的责任意识，学会正视人生中的困难与挫折，不因问题的出现而一味自责或刻意回避，以破釜沉舟、杀身成仁的决心，勇往直前的大无畏精神和置之死地而后生的气概，知难而进、迎难而上，尤其是看准了的事情，就要"咬定青山不放松"，坚定不移地干。

106 着力增强越是艰巨越向前的斗争心态，面对任何重点难点、复杂艰巨任务都不能"戻"，敢于知难而进，迎难而上

习近平总书记深刻指出，前进道路不会一帆风顺，要敢于斗争、善于斗争，知难而进、坚韧向前，把新时代中国特色社会主义伟大事业不断推向前进。当前，世界面临百年未有之大变局，国际局势充满了不稳定性和不确定性，我们面临的考验和风险一点也不会比过去少，只会越来越复杂，唤醒斗争意识，增强斗争心态，发扬斗争精神，敢于动真碰硬、攻坚克难，是当前形势任务对各级领导干部提出的必然要求，是领导干部的必修课。

保持斗争心态，坚持斗争精神。河入峡谷、风过隘口，以斗争对决、用意志较量。斗争心态是斗争精神的前提。没有斗争心态，就没有斗争精神，更遑论斗争本领。斗争心态既有敢于斗争的勇气，更有坚持斗争的志气。斗争精神是共产党人与生俱来的政治品质。社会是在矛盾运动中前进的，有矛盾就会有斗争。党的十九大作出了一个重要的理论创新，首次将"四个伟大"作为一个完整体系提出，指出伟大斗争、伟大工程、伟大事业、伟大梦想紧密联

系、相互贯通、相互作用，实现伟大梦想，必须进行伟大斗争；要求全党充分认识这场伟大斗争的长期性、复杂性、艰巨性，发扬斗争精神，提高斗争本领，不断夺取伟大斗争新胜利。习近平总书记强调："我们面临的各种斗争不是短期的而是长期的，至少要伴随我们实现第二个百年奋斗目标全过程。"斗争是一场持久战，是一场马拉松，比的是毅力、耐力，谁能坚持到最后谁就是最终的胜者。无论是在血雨腥风的革命战争年代，还是在激情燃烧的社会主义建设和改革时期，一大批共产党人始终以国家民族利益为重、以人民幸福安康为念，顽强拼搏、勇敢战斗，奉献着智慧、心血乃至生命。新长征路上，还有许多"雪山""草地"需要跨越，还有许多"娄山关""腊子口"需要征服，必须付出更为艰巨、更为艰苦的努力，斗争越往后越复杂越艰巨，就越需要具备革命性、彻底性，以及愈难愈进、一斗到底的斗争心态。

踏平坎坷成大道，斗罢艰险又出发。毛泽东同志说过，抗美援朝这一仗叫作"打得一拳开，免得百拳来"。领导干部在关键时刻所表现出来的斗争心态，往往会成为决定斗争胜负的关键性因素。面对风险挑战、困难问题，增强斗争心态方能越挫越勇。要不信邪、不怕鬼，襟怀坦荡、光明磊落，以简单对复杂，自觉摒除私心杂念，自觉按原则办事、按规则办事、按程序办事，以"明知山有虎、偏向虎山行"的英雄气概，保持铮铮铁骨，做到真理真话敢讲、歪风邪气敢管、硬事难事敢抓。要不胆怯、不妥协，面对纷繁复杂的形势和繁重艰巨的任务，始终保持永不懈怠的精神状态和一往无前的奋斗姿态，以蓬勃朝气、昂扬锐气、浩然正气和舍我其谁的胆识，敢于大胆创新，先试先行，带出一支无所畏惧、能打胜仗的队伍。

107 天下大事，必作于细，把优秀养成一种习惯，把卓越当成一种标准

古人云，"千里之堤，溃于蚁穴"。决定成败的不仅与远大的志向、科学的规划和工作的热情有关，更与对待细节的态度有关。细节虽然像沙砾一样微不足道，但往往细节决定成败，切不可掉以轻心。当干部必须重视小事小节，要一丝不苟、严谨细致，树立精品意识，力求做到最好。

小事小节是一面镜子，精益求精是一种态度。习近平总书记指出："小事小节是一面镜子，能够反映人品，反映作风。小事小节中有党性，有原则，有人格。"1930年5月，中原大战爆发，本来拥有优势的冯玉祥和阎锡山军队，由于冯玉祥的一位作战参谋在拟定命令时，误把"沁阳"写成"泌阳"，使冯玉祥的军队误入泌阳，贻误了聚歼蒋军的有利战机，丧失了战争主动权，最终导致联军失败，一撇之差酿失败。现实中，有的人不注重细节，工作中好大喜功，不从百姓的起居冷暖着眼，甚至以"成大事者不拘小节"自视清高；有的得过且过，满足于过得去、一般化，认为可以交差就行了，效果好不好与自己无关。这样的想法和做法都是极其不负责任的表现。当干部只有从细枝末节处一点一滴做实做稳做好，不轻于

易、不疏于细，下足"绣花"功夫，唯此才能成为党和人民放心托付的人。

从细微处着手，向最高标准看齐。习近平总书记强调，做工作要一丝不苟、严谨细致、精益求精，于细微之处见精神，在细节之间显水平；要弘扬工匠精神，精心打磨每一个零部件，生产优质的产品。细节不仅是我们成就梦想的保证，更是我们实现梦想的基础，没有一件件小事的恰当处理，就不可能有国家的长治久安。当干部要牢记"慎易以避难，敬细以远大"的道理，增强"群众利益无小事"的思想认识，提高从小事做起的能力。从身边做起，从小事做起，坚持严肃严格严谨，绝不忽视任何一个细节，绝不放过任何一个疑点；要树立精品意识，精耕细作、精雕细刻，不断追求高线，不做则已、做就要做到最好，把一件事做到极致，力求工作都是"优质品""一等品""顶级品"；要坚持底线思维，保持如临深渊、如履薄冰的态度，尽可能把各种可能的情况想全想透，把各项措施制定得周详完善，确保安全、顺畅、可靠、稳固。

108 抓细抓小，落细落小，才能积滴水之功，收穿石之效；严字当头，实字打底，才能防止前紧后松，避免踩空走虚

习近平总书记强调，"抓落实，贵在持之以恒，也难在持之以恒"。抓落实是一场"持久战""耐力战""拉锯战"，既需要抓深抓

细抓实，也要坚持不懈、持之以恒。切忌一阵风地搞突击，前紧后松、虎头蛇尾，更不能幻想靠一场"速决战"解决一切问题。

日拱一卒，功不唐捐；以尺寸之功，成千秋伟业。"道虽迩，不行不至；事虽小，不为不成。"蓝图不可能一蹴而就，一口吃不成个胖子，每一件大项工作的完成是由无数的具体工作成就的，需要从一点一滴做起，一步一步积累。习近平总书记指出："九层之台，起于累土。要把这个蓝图变为现实，必须不驰于空想、不骛于虚声，一步一个脚印，踏踏实实干好工作。"抓落实是一个系统工程，非一时一日之功，任何一个环节的松懈、一个细节的疏漏都可能影响落实的成效。唯有每天的工作从上班第一刻开始抓起，把工作落实落细落小，积小胜为大胜，方能功到自然成。领导干部要把实现长远目标与做好当前工作统一起来，一个目标一个目标分解，一个项目一个项目落实，一个任务一个任务完成，一个阶段一个阶段推进，一以贯之地抓下去，做到目标不变、导向不变、精神状态不变、工作力度不变，一锤接着一锤敲、一任接着一任干，锲而不舍出实招、办实事、求实效。

严终如始，则无败事；坚持不懈，功到自成。抓落实最见内功，最需定力，最需严肃严格严谨贯彻始终。越到工作后半段，越容易"一篙松劲退千寻"。就像足球比赛中，最后15分钟往往进球最多，原因就是最后阶段防守松了劲儿。现实中，有的干部抓落实虎头蛇尾，致使许多工作"前后不搭调"，严重影响工作成效。有的地方，一项工作虎头蛇尾，最后变成"烂尾工程"，或是"无疾而终"。究其原因，是"三分钟热情"、一阵风工作思路在作怪。前面的事做得再好，也不能代替后续的工作。只有以严贯穿始终，坚持思想不疲、劲头不松、措施不软，才能确保收尾阶段不打折扣、不缩水分、不偷工减料。习近平总书记指出："有些地方、部门和单位抓落实之所以成效不佳，往往与缺乏经常抓、反复抓、持久抓有关。如果抓一阵子松一阵子，热一阵子冷一阵子，不能一抓到底，那怎么能把工作落实好呢？抓落实，一定要防止虎头蛇尾。目标确定了，任务明确了，就要咬定青山不放松，不达目的不罢休。"领导干部要坚定而不动摇，坚韧而不懈怠，咬定青山不放松，不达目的不罢休，持之以恒、一抓到底、抓出成效；要抓反复，反复抓，抓好工作的全过程，保证工作的连续性，防止日计有余，岁计不足。

109　一天一天抓实，一月一月抓紧，一年一年抓好

习近平总书记强调："抓落实就好比在墙上敲钉子：钉不到点上，钉子要打歪；钉到了点上，只钉一两下，钉子会掉下来；钉个三四下，过不久钉子仍然会松动；只有连钉七八下，这颗钉子才能牢固。"朴素的话语，道出了一个意蕴深远的道理，做工作、干事业既要抓实、抓紧、抓好，保持真抓实干的作风，又要每一天、每一月、每一年锲而不舍地用力，坚持沉稳坚韧的精神，在善始善终中善作善成，在持续用力中久久为功，方能把事业向前推进，让梦想照进现实。

用常抓的韧劲，在慎终如始中抓落实。习近平总书记强调："我们需要的是锲而不舍的韧劲，而不需要'三天打鱼，两天晒网'的散漫。"古语有云："绳锯木断，水滴石穿。"不是因其力量，而是因其坚韧不拔、锲而不舍。经济社会发展巨大成就的取得，改革发展稳定中的许多大事难事的解决，都离不开党领导人民真抓实干、久久为功。河北塞罕坝林场建设者经过50多年、几代人的接续努力，把昔日"黄沙遮天日，飞鸟无栖树"的荒漠沙地，变成今日"林海绿原"，靠的就是真抓实干、久久为功的拼搏和奉献精神。我们正在从事的中国特色社会主义事业，是一项前无古人的历史伟业，我们正在推进的民族复兴伟大梦想，是光照千秋的壮丽宏图。邓小平同志曾经讲："巩固和发展社会主义制度，还需要一个很长的历史阶段，需要我们几代人、十几代人，甚至几十代人坚持不懈地努力奋斗。"认真加坚持就没有实现不了的梦想，热爱且执着就没有抵达不了的远方。领导干部只有矢志民族复兴，把自己的奋斗融入党和国家事业发展，永不懈怠、永不松劲、坚持到底，真抓实干、赓续传统、久久为功，我们的国家和民族才能无往而不胜。

精进在于积累，成功在于坚持。蹄疾走日月，步稳度关山。真抓实干、久久为功是马克思主义认识论的内在要求，也是共产党人的科学态度和工作的根本要求。领导干部真抓实干、久久为功，不仅关乎党性要求，还关乎人心向背，事业成败。要练"愚公移山"的干劲，始终把党和人民事业放在心头，以舍我其谁的志气，始终保持一往无前的奋斗姿态，真抓实干、狠抓落实；要练"铁棒磨针"的恒劲，拿出永不懈怠的精神状态，多一些追根究底、少一些浅尝辄止，多一些埋头苦干、少一些急功近利，多一些精雕细琢、少一些粗制滥造，绝不能一曝十寒、得过且过；要练"咬定青山"的韧劲，始终保持"千磨万击还坚劲，任尔东西南北风"的定力，无论遇到什么样的困难，面对什么样的压力，都目标不改、力度不减，时刻紧盯目标、一直围绕目标、始终抓住目标，把精力聚到攻坚克难上，把力气花到落实效果上，绝不能半途而废；要练"躬行践履"的实劲，聚焦谋发展、搞改革、惠民生、保稳定中的深层次矛盾和问题，一项一项抓落实，一个问题一个问题解决，把好事办实、把实事办好，努力创造经得起实践、人民、历史检验的实绩。

110 走好每一步，抓紧每一天，干好每件事

干事创业，首先要"在状态"，在状态才能有作为。工作是干出来的，不是吹出来的。只有铆足"丁是丁、卯是卯"的真劲，走好每一步，抓紧每一天，干好每件事，才能推动工作取得新业绩、发展取得新成效。

人生如棋，走好每一步。古人言："棋，有天地方圆之象，阴阳动静之理，星辰分布之序，风雷变化之机，春秋生杀之权，山河表里之势，世道之升降，人事之盛衰。"人生如棋，棋峰对垒，俨如生活的顺逆对比，棋要一步一步地走，谁也不可能一步取胜；人生的路也要一步一步地走，谁也不可能一步登天。走棋须谨慎，一

着不慎、满盘皆输；人生忌儿戏，一步走错，百步难回。只有在人生的棋盘上，步步为营、细细品味，在失败中成长，在博弈中前进，在进退中共赢，才能走出无悔的人生之路。领导干部要脚踏实地走好每一步，不懈追求、步步为营、稳扎稳打；要走一步看三步，工作中要常"复盘"，对反复出现的问题深入地剖析，提升工作效率、改进工作质量。

时不我待，抓紧每一天。毛泽东同志曾写道："多少事，从来急；天地转，光阴迫。一万年太久，只争朝夕。"现实中，有的干部凡事不慌不忙，有不麻利、爱拖延的工作坏习惯，把截止时间当成第一动力，平时按兵不动、偃旗息鼓，一到节骨眼上焚膏继晷、挑灯夜战，极大降低了执行力和落实效率。习近平总书记强调："时间不等人！历史不等人！时间属于奋进者！历史属于奋进者！为了实现中华民族伟大复兴的中国梦，我们必须同时间赛跑、同历史并进。"只有以大干快干的冲劲、苦干实干的韧劲、巧干会干的闯劲，向实处着力、以实干开路、用实绩说话，才能不断把既定的宏伟蓝图一步一步变成现实。领导干部要以"等不起"的紧迫感、"慢不得"的危机感、"坐不住"的责任感，快人一步、胜人一筹，抢占先机、赢得主动，干字为先、实字托底，快马加鞭、狠抓落实，做到"今日事今日毕"。

精益求精，干好每件事。做表面文章不是抓落实，一般号召也不是抓落实，唯有深入其中、真抓实干才是抓好落实。现实中，有些干部对工作的态度是"差不多""可以了""就这样""大概""好像""也许"，没有精益求精、死咬硬磕的韧劲，看似花费了大量的时间和精力，但做的是经不起历史、人民检验的无用功。做到一时一事的"高标准、严要求"易，时时事事都能"高标准、严要求"则难。不论什么事，成败都在于对每一个环节的精益求精，对每一个细节的严谨细致，对每一个部位的极致苛刻，敷衍塞责不能得到满意的结果。工作无小事，每一件事都可能牵涉大局。领导干部要坚持把高标准树立起来，把严要求落实下去，干一样就要干成一样、干好一样。

111　发扬工匠精神和"钉钉子"精神，一年接着一年干，一锤接着一锤敲，锲而不舍、久久为功，把每项工作都做实做细、落到实处

工匠精神是一种精雕细琢、精益求精，追求卓越、力求完美的精神品格。抓落实是一个由宏观到微观、由抽象到具体的过程，最需要的就是工匠精神的精耕细作。邓小平同志曾说："我们的事业总是要求精雕细刻，没有一样事情不是一点一滴的成绩积累起来的。"只有发扬工匠精神，才能一步一个脚印把各项工作向前推进。

坚持精心精细精品，才能水滴石穿、铁棒成针。我国自古就有尊崇和弘扬工匠精神的优良传统，《诗经》中的"如切如磋，如琢如磨"，反映的就是古代工匠在切割、打磨、雕刻玉器等时不厌其烦、反复琢磨、坚持不懈、精益求精的工作态度。产品制造需要

工匠精神，抓落实同样离不开工匠精神。习近平总书记提出，要倡导精细化的工作态度，掌握情况要细，分析问题要细，制定方案要细，配套措施要细，工作落实要细。领导干部对待工作也要有"工匠精神"，善于在精细中出彩。只有把工匠精神作为落实工作的精神追求，专心专注、坚持不懈、至精至善，对每个主题从目标、内容、办法、措施等方面精细化、精准化、精致化，才能把工作落实到位，打造出精品。领导干部要注重"一把钥匙开一把锁"，不搞大水漫灌而是精准滴灌，防止"一锅煮""一刀切"；要精准操作、落细落小，把部署要求全面准确地落实到具体思路、具体举措上，落实到具体事、具体人上，事情一件一件去做、一点一点去抓，下足"绣花"功夫，力求每项工作都落实落细落小。

不求绝对完美，但求精益求精、尽善尽美。工匠精神也包含追求完美，追求自我突破的含义。如果只满足于发号召、造声势，作指示、听汇报，没有将工作每个细节都做到完美、做到极致，就不算真正的抓出实效、干出成绩。在新时代，社会公众对党提出了更高的要求，领导干部也承担了更多的责任，只有在工作中保持精益求精的劲头，积极适应新形势下的新要求，将"精"的态度应用到党内工作的各个方面，力求在开展党内工作时做到"零差错""最完美"的高标准，才能不辜负党和人民的信赖，才是一名合格的"工匠"、一名合格的领导干部。领导干部要以"干就干最好、争就争一流"的信心和勇气，凡事自我加压、跳起摸高，绝不满足于一般化、过得去，在每一个细节上"吹毛求疵"，坚持不懈追求完美、拥抱极致、追求卓越。

112 坚持"一张蓝图绘到底",不能"新官不理旧账",切忌搞劳民伤财的瞎折腾

习近平总书记指出:"一张好的蓝图,只要是科学的、切合实际的、符合人民愿望的,大家就要一茬一茬接着干。"面对百年未有之大变局、面对第十四个五年规划和二〇三五年远景奋斗目标,许多改革发展和民生领域的工作都是牵一发而动全身的系统工程,不可能一蹴而就,也很难在一任之内完成,需要一届接着一届干。领导干部为官一方、为政一时,唯有一以贯之、挂"图"作战,才能走好新时代蓝图变实景的"长征路"。

政贵有恒,治需有常。良弓在手,贵在速发;蓝图绘就,贵在落实。党的事业继往开来、薪火相传,就像接力赛,需要一棒接着一棒跑,一锤接着一锤敲,唯有不避艰险,不畏风雨,扛起肩上的责任,才能不断推向前进。领导干部要有"前人栽树后人乘凉"的执政理念,永葆"功成不必在我""功成必定有我"的奋斗姿态,以钉钉子精神把工作抓紧抓实,一个目标一个目标分解,一件任务一件任务落实,一个时间节点一个时间节点推进,坚持不懈、全力以赴攻破新征程上的"娄山关""腊子口"。

敢接"烫手山芋",让"旧账"到此为止。习近平总书记强调,看准了的事情,党政主要负责同志要敢于拍板、敢于担当,坚定不移干。"铁打的营盘流水的兵",任何一个领导干部都不可能在一地长久任职,但党和国家的事业是接续不断的,是一任接着一任干出来的。领导更换常有,但政府施行的政策、作出的承诺、承担的职

责，绝不能随着人事的变动而终止，不能因为职位的变动而影响工作的正常开展。对于新上任的领导干部，除了要接过权力，更要做好承前启后工作，以不畏艰难的积极态度去迎接任务、解决问题，绝不能因为所谓的"政绩观"而进行"一刀切""兜底翻"，既要敢于"接棒"，又要善于完成整个"接力赛"，做到善始善终。

治大国若烹小鲜，克服"政绩冲动"。习近平总书记强调："正确的就要坚持下去，久久为功，不要反复、不要折腾。""不折腾"既是对当地选择发展道路的底线要求，也是对广大领导干部的谆谆告诫。领导干部要学会在继承中创新、在接续中改革，切忌将各方面施政规划推倒重来、另起炉灶，切忌政策朝令夕改翻来覆去，让基层无所适从。在想问题、办事情、作决策时，要力求符合客观规律、符合发展实际、符合群众期待，避免"水土不服"，树立正确的政绩观和事业观，不慕虚荣，不务虚功，不图虚名，真正做到对历史负责、对人民负责，作出经得起实践、人民、历史检验的实绩。

第六篇

明事理
要有心中有戒"不妄为"的纪律观

113 心明则世界明，人美则世界美，心净则世界净

有哲人说："心灵是一面镜子，里面装着什么取决于你面向哪里。"让心灵的镜子照向光明，黑暗就会躲到角落里，以阳光的心态面对生活，生活才会充满阳光。我们很难改变世界，但却能改变自己的心境，心境好了，世界也会变得更美丽。心静则世界静，心平则世界平。每个懂得自律的领导干部，都会反观自己的内心深处，让心明澈起来、美丽起来、干净起来；都会更有计划地管理自己、约束自己，不论是生活还是工作，做事都会很有计划性，一步一个脚印，想不成功都很难。

心宽则静，心明则平。王阳明心学强调："处世，先明心。"将自己的内心看清，才能真心分辨是非，才能自律而不犯错误，才能守住自己内心的原则。唯有自律的人，才能理清生活中的细枝末节，让所有事情各安其位，稳当妥帖。有的领导干部内心不明澈，分不清是非善恶，让私欲蒙蔽了自己，常常守不住内心的底线。人们常说："心明处处明，一真一切真。""明心"就是要领导干部有

自知之明，看清自己的内心，尊重内心的规矩和准绳，把自律刻到"骨子"里，在遇到是非问题时，能根据自己心中的天平来作出正确的判断，分清是非对错，不逾越警戒红线。

人美一切皆美，心安一切皆安。有人说：一个人活得幸福不幸福，一要看是不是能睡着，二要看是不是想醒来。能睡着，说明心安，此前问心无愧；想醒来，说明心美，当下正是所要。凡是你想控制的，其实都控制了你，一个人想要心美，想要心安，唯有自律才能实现，唯有自律的人才能得到岁月的厚爱。作为领导干部，仅靠一些原则强行自律多半是没有成效的，对待自己要用心自律，学会对自己负责，明白如何让自己变得更加优秀、更加强大，要从心底真正地去改变、约束自己，遵循自己的行为准则，把自律内化为自己的最高修养。

心净气自清，人生才干净。禅宗六祖惠能大师有云："本来无一物，何处惹尘埃。"内心自律清净的人，一开始就赢了。心无垢，尘自安。人生在世，犹如身处荆棘之中，心不动，人不妄动，不动则不伤；如心动则人妄动，乱其身扰其心，眼前就被重重迷雾所笼罩。作为领导干部，要明白外在环境愈是纷扰，内心愈要清净淡然，外在愈是充满诱惑，内心愈要守住清净，只有自律而心无杂念，才能从容自在，只有自律而心有净处，才能应对纷繁；要不为他人所扰，不为外物所惑，不让苟且侵蚀自己的生活和工作，明白自己所思所想，明白未来所往所向，在自己的世界里心无杂尘，坐卧随心。

114 心有定力无杂念，不为利所诱，不为欲所惑，不为名所累，不为情所动

"定力"最初源于佛教用语，一指祛除烦恼妄想的禅定之力；二指处变和把握自己的意志力。习近平总书记多次强调"定力"，并明确指出领导干部要增强政治定力、纪律定力、道德定力、抵腐定力。对于领导干部而言，"定力"就是懂得控制自己的欲望、行为，专心致志于某一事物的能力。人生道路上充满磨难、诱惑、抉择，要想坚持到底、不断前进，离不开过硬的定力修为，有了定力，才能真正练就"金刚不坏之身"，在纷繁复杂的形势变化中始终坚持正确方向。

心有定力，则能八风不动；保持定力，则能守志笃行。古人十分推崇有定力的人，赞美他们"每临大事有静气"，"泰山崩于前而色不变，麋鹿兴于左而目不瞬"。定力是不为繁杂所惑，坚韧不拔、执着追求的个性与品格，有了定力这根"定海神针"，任尔惊涛拍岸、骇浪滔天，我自岿然不动。有定力的人会专注，才不会偏离目标，就会静下心来做一件事。没有定力，人就会变得浮躁、坐立不安、无所适从，不知道自己要做什么，也就会抵制不住世俗的诱惑以及自身欲望的驱使，随波逐流，自然也就一事无成、功亏一篑。

士要成功须定力，知止而后定，定后而能安。《大学》有云，"知止而后有定，定而后能静，静而后能安"。《道德经》有云，"故知足不辱，知止不殆，方可长久"。"知止"就是要明底线、懂得知

足。正所谓"欲修其身者，必先正其心"。"正心"从某种意义上说，就是要"知止"。正身则可无畏，正行才能树威，只有知道止步，懂得进退，才能淡泊明志，清节长存。领导干部是否有定力，就看他在各种欲望诱惑面前，是否不为噪声所扰、不为歪风所惑、不为暗流所动、不为利益所俘，在纷繁复杂的形势变化中始终坚持正确方向。增强定力，领导干部要走好政治修养之路，靠政治上的清醒和坚定，善于从政治的高度研究问题，在一些事关根本的问题上坚守政治信念、站稳政治立场、把牢政治方向；要走好信念道德之路，心存戒律，手握戒尺，不断自我修炼、自我约束、自我改造，拒绝侥幸心理，不被自己打倒；要走好实践磨炼之路，保持斗争精神，经风雨见世面，咬定青山不放松，下得苦功夫，求得真学问，以钢铁般坚强的定力，做到临危不惧、处变不惊。

115 堡垒最易从内部攻破

《红楼梦》抄检大观园情节中，探春有这样一句话："这样大族人家，若从外头杀来，一时是杀不死的，这是古人曾说的'百足之虫，死而不僵'，必须先从家里自杀自灭起来，才能一败涂地！"再坚固的堡垒，都抵挡不住来自内部的瓦解。苏共政权的轰然倒塌，正是因为其失去了内在的先进性。唯物辩证法告诉我们，内因是事物发展的根本，外因是事物发展的条件，外因通过内因起作用。一个人内心不够坚定，也会在外界诱惑下丧失底线。

不怕外界压力多么强大、诱惑多么炽热，就怕内心自律溃败、价值崩塌。

战胜自己是最不容易的胜利。一句俗语是这么说的："我们要征服的不是高山，而是我们自己。"如果不突破自我，不打败自己的心魔，最终必会被自己所打倒。对于领导干部来说，战胜自己，首先就是"管住小节"。管住小节，方能慎始，不被蝇头小利所惑；方能慎终，不让正气名节不保。要坚持千里之行始于足下，从小事做起，善于"积善成德"，做到"于细微处见精神"，也要防止"千里之堤，溃于蚁穴"，管住自己的内心、管住自己的行为、管住自己的家人、管住自己的下属，勿以善小而不为，勿以恶小而为之，最终战胜自己，牢守阵地。

让自己倒下的只会是自己。"物必先腐也，而后虫生之。"自家的篱笆没有扎牢，无论怎样坚固的防守也还是会从内部被攻破的，只要你自己不认输，就没人能打败你。邓小平同志曾说过，我们党如果要出问题，肯定出自内部。一个政党如果内部不坚强，必然受到侵蚀，受到外界的影响和诱惑，从而失去独立判断能力，变得摇摆不定、坐立不安，也更容易被外部力量打乱自己的节奏。一个强大的政党，在临危关头和危急时刻要敢于直面现实，依然能够科学判断，临大难且不惧。从内部织牢自我保护的屏障，才能抵御来自外部的最大风险。

反攻是最好的防守。向外设防，抵御外界侵蚀，是一种自我保护机制，是堡垒的基本作用。但只防不攻，就很容易陷入被动防守状态。面对歪风邪气、艰难险阻，领导干部的战斗堡垒不仅要坚强防守，不被攻破，还必须主动出击，全力消灭敌人。要时时加油充电，时常保持警惕，不断与"精神懈怠的危险"作斗争，让堡垒在不断更新修缮中愈加坚固，让战斗堡垒屹立不倒、永垂不朽。

116 以清廉之帚扫思想尘霾，以淡泊之心克内心欲望，用清源之气驱攀比心理

习近平总书记指出，要慎独慎初慎微慎欲，培养和强化自我约束、自我控制的意识和能力，做到"心不动于微利之诱，目不眩于五色之惑"。欲望是健康的最大负担。思想麻痹、私欲膨胀、盲目攀比乃人性之劣根，若不能及时察觉，任其野蛮生长，将会严重危害身心健康，最终导致为人失度、处事失矩。君子为政之道，以修心为本。只有时刻反躬自省、克己复礼，秉持"持节清廉甘淡泊"，"固本清源扬正气"的操守，才能杜绝城门洞开、防线失守。

为官清廉品自高，勤拂尘埃心自洁。毛泽东同志曾指出："我们同志的思想，我们党的工作，也会沾染灰尘的，也应该打扫和洗涤。"古往今来凡为官清廉者，都能时时以较高的从政道德和清廉品格不断"清扫"精神世界，以保持头脑清醒、思想纯净、心中纯洁。当今社会信息爆炸、物欲横流，不存在"真空管"和"无菌室"，各种腐朽文化"垃圾"和消极腐败"尘埃"会不断地侵蚀和污染人的思想，若置之不理，则易积尘为垢、积羽沉舟、群轻折轴。一念之非即遏之，一动之妄即改之。要经常掸一掸思想上的

"灰尘"，及时揪出"皮袍下藏着的小"来，常怀审己之念，常存克己之心，常思修己之道，不断抵达自我净化、自我完善、自我革新、自我提高的新境界。

欲壑难填无宁日，淡泊豁达天地宽。"贪如火，不遏则燎原；欲如水，不遏则滔天"。习近平总书记指出："党员、干部一定要自我警醒、自我约束、自我克制，把满足个人贪欲、一味追求个人享受视为祸害，自觉做到防微杜渐，努力避免摔大跤、栽跟头。"祸莫大于不知足，咎莫大于欲得。现实中，一些领导干部私欲膨胀，难以抵住诱惑，在权力、名利、美色中迷失自我、腐化堕落，直至翻身落马。莫被欲望奴役，要常思贪欲之害，培养驾"欲"能力，以淡泊的心态和豁达的襟怀对待名利权位，得之淡然、失之泰然，自觉在欲望面前砌起"防火墙"、架起"高压线"、安上"廉洁锁"。

盲目攀比易失衡，知足常乐显从容。所谓攀比，是不顾自己的实际情况，盲目与高标准相比。攀比之心人皆有之，若能运用有道，主动比工作、比担当、比作为，可将其转化为增长才干的动力。但现实中，一些领导干部却犯了"红眼病"，热衷与他人比位子车子房子票子，只能比出情绪失落、心态失衡，为走上贪污腐化之路埋下伏笔。寡欲者心安，知足者常乐。要练就清风徐来、水波不兴的心态，拥有得之不喜、失之不忧的气度，正确看待个人得失和进退去留，以平静之心对己，以平稳之心处事，以平常之心对名，以平淡之心对利，以获得一种物外的自在与宁静，让身心净化，境界升华。

117 当官发财必须两道，为公为私必须两清

习近平总书记指出，当官就不要发财，发财就不要当官。清清爽爽、义无反顾地去当官。把当官作为一个满足无穷贪欲、获得无限私利的捷径，那样迟早要完蛋。升官发财，是封建思想之荼毒，但仍有一些领导干部信奉"当官不发财，请我也不来"的歪理，把公权作为谋取私利的工具，卖官鬻爵、权钱交易，终将被党和人民唾弃。既已走官道，当忘发财梦。只有摒弃拜金主义和享乐主义，不被金钱所奴役，才能在从政路上行稳致远。

官职是谋事的平台，岗位是为民的舞台。公仆不是老板，肩负着党和人民的重托，应倍加珍惜人民赋予的权力和干事创业的机会，从政不能以发财为目的，在工作和生活中必须坚决做到"不义之财不取、不法之物不拿、不净之地不去"。要始终牢记"当官发财两条道，当官就不要发财，发财就不要当官"的谆谆教诲，选择了当官，就不能为自己谋利，就不能把钱看得太重，必须时刻不忘初心，牢记使命，认清楚"当官"与"发财"之间的界限；时刻牢记共产党的干部是人民的公仆，其权力是党和人民赋予的，只能用来为人民服务。

治官事则不营私家，在公家则不言货利。北宋官员米芾在知县任期届满准备还乡时，再三叮嘱家人："凡公家的东西一律不要带走。"连自己毛笔上还沾有公家的墨也要洗净。习近平总书记指出："公款姓公，一分一厘都不能乱花；公权为民，一丝一毫都不能私用。"公私分明是为官从政的基本操守和道德底线。私欲膨胀，公

权必衰。褪色变质、腐化堕落大都始于公私界线模糊，要谨记"公器"不能私用，在公与私的问题上必须"锱铢必较"，做到大公无私、公私分明、先公后私、公而忘私。只有一心为公、事事出于公心，才能做人为官清清白白、堂堂正正、坦坦荡荡。

为官莫念"财"经，从政当断"利"想。当前我国正处在经济社会蓬勃发展的时期，利益诱惑越来越多，消极腐败风险更加凸显，领导干部必须毅然斩断"当官发财"念想，守住廉洁从政底线。要树牢正确的义利观，拧紧思想阀门，提高自律标准，始终做到理想信念不动摇、精神支柱不倾斜，在钱财诱惑面前保持定力，不戚戚于贫贱，不汲汲于富贵，牢记"莫伸手，伸手必被捉"；要构建"亲""清"政商关系，做到"近"而不"黏"，既建立正常沟通交流机制，又制定负面清单、划出红线，使官商各安其道、并行不悖，有交集但无交换，有交往但无交易，共守初心，为经济社会发展作贡献。

118 敬畏法纪，成长就有了"护身符"；静心自省，奋斗就有了"醒脑剂"；干净做事，为官就有了"方向盘"

官有所畏，其政必兴；无所畏惧，难有所成。"高位"与"高墙"只有一字之差，"做官"与"坐牢"只在一念之间，领导干部敬畏法纪，不闯红灯、不碰红线，才能保证自己心理不失衡、行为不失范，面对诱惑考验不失节。清白做人，干净做事，贵在常怀敬畏心，关键是坚持思想改造不放松，经常静心自省，加强党性修养。做到了"敬、静、净"，做人就能见境界，做事就能见水平。

君子之心，常存敬畏。习近平总书记强调，领导干部要心存敬畏。党纪国法不能成为"橡皮泥""稻草人"，违纪违法都要受到追究。没有规矩不成方圆，遵纪守法是领导干部从政的底线，也是安身立命的最基本要求、最基本职责和最基本素养。必须敬畏法律，牢记法律红线不可逾越、法律底线不可触碰，带头遵守法律、执行法律，带头营造办事依法、遇事找法、解决问题用法、化解矛盾靠法的法治环境。必须敬畏党规党纪，牢固树立法治意识、制度意识、纪律意识，懂法纪、明规矩，知敬畏、存戒惧。只有心存敬畏、手握戒尺，才会"思"而出乎理智、"做"而有所顾忌、"行"而不忘法纪，才能更好地行使权力，确保权力为人民服务，无愧于党和人民的重托。

君子检身，常若有过。习近平总书记指出，干部要坚守精神追求，见贤思齐，见不贤而内自省，处理好公和私、义和利、是和非、正和邪、苦和乐的关系。在自我省察方面久久为功，是领导干部自我完善的阶梯。曾子曰："吾日三省吾身。"领导干部更需要这种"三省吾身"的精神，除了重视别人的评价，关键要经常静心扪心、反躬自省，适时沉淀自己、剖析自己、反思自己、完善自己，才能在为新时代党的历史使命奋斗过程中，实事求是地认清自己，既不狂妄自大，也不妄自菲薄，既不武断偏执，也不人云亦云，既不盛气凌人，也不奴颜婢膝，从而在全面建设社会主义现代化国家新征程中，认清自己的能力和责任，时时警诫自己、修正自己、充实自己。

　　君子如玉，常留清白。习近平总书记强调，面对新情况新考验，各级领导干部一定要加强党性修养，干干净净干事，始终保持共产党人的政治本色。领导干部干净做事，就是要守得住清贫、耐得住寂寞、稳得住心神、经得住考验，自觉做到秉公用权、不以权谋私，依法用权、不假公济私，廉洁用权、不贪污腐败；就是要有强烈的事业心和高度的责任感，为工作尽心尽力、忘我奉献，真正做到为党和人民的事业鞠躬尽瘁；就是要加强自身修养、提升精神境界，不断增强自律能力，又要充分发挥他律的作用，健全相应的体制机制，强化制度约束。同时，要深刻领会"干净做事"的深刻内涵，把这样的要求贯穿在实际工作之中，作为为官执政的方向要领，廉洁为公，勤政为民，永葆领导干部的纯洁公仆本色，推动党的事业不断前进，不断取得新胜利。

119　干净是最起码的准则，干事是最根本的职责

　　习近平总书记曾在《之江新语》中指出，领导干部不仅要想干事、肯干事、敢干事，还要会干事、能干事、干成事，特别是对事业要始终保持奋发进取的精神状态。要时刻保持清醒的头脑，时刻注意自重、自省、自警、自励，时刻注意自身的形象，干干净净地做人、踏踏实实地做事，真正做到为民、务实、清廉。

做人清清白白，为官干干净净。干净是一种物质上的不惑、不贪，表现为洁净、纯洁；是一种品德上的清廉、清风，表现为廉洁、廉政。干净出正气、出权威、出凝聚力、出战斗力。习近平总书记曾强调，领导干部要把人民放在心上，在思想上干干净净，在心灵上干干净净，在行动上干干净净，要牢记执政为民，要做到一身正气，两袖清风。领导干部干净与否关系到人民群众如何看待、评价与认识我们党的执政能力和水平，"官"做得干净，在百姓之中才有口碑，否则只能留得骂名。只有信念坚定，头脑清醒，干净做人，面对各种各样的诱惑不动心、不低头、不失足，才能维护好国家和群众的利益，才能干好事、干成事。领导干部必须要守住干净这个底线，树立正确的世界观、人生观、价值观和正确的利益观、地位观，廉洁奉公，不贪不占，做到不仁之举不为、不义之财不取、不正之风不沾、不清之行不干。

干事踏踏实实，工作勤勤恳恳。干事是领导干部最根本的职责。习近平总书记强调，年轻干部要勇于直面问题，想干事、能干事、干成事，不断解决问题、破解难题。领导干部只有干事才能破解发展难题，才能实现高质量发展，才能加快全面建设社会主义现代化国家进程；只有干事才能推动一方发展，才能换来群众满意和赢得群众拥护，真正拉近党群干群关系。事业是干出来的，不是吹出来的。领导干部要把实干落实下去，就必须扑下身子、找准位子、撸起袖子，始终保持艰苦朴素的工作作风、勤勉扎实的工作态度和甘于奉献的精神状态。既要着眼当前，也要兼顾长远，从小处着手，从基础工作抓起，踏踏实实勤恳干事，积极主动自觉干事，用心想事、用心谋事、用心干事、用心成事。

真正干净，才能干事。干净清白是底线，勤勉实干是关键。干净是干事的保证，干事是干净的目的。不干净就干不成事，干不好事，干事越多，越偏离正确的轨道，不仅无功反而有过，必须坚决纠正。不干事、乱干事、蛮干事是失职、渎职，应该坚决摒弃。干净是廉政，干事是勤政。干净与干事辩证统一，相互促进，任何把干净、干事割裂开的做法都是错误的。领导干部要做干净与干事相统一的践行者，要怀着强烈的责任感认真干事，怀着如临深渊、如履薄冰的心态保持干净。必须清楚认识到，做官不仅要干净还要正派，办事不但要规矩还要扎实。一方面，必须干净用权、正确用权，做到公款姓公、公权为民；另一方面，坚持为官要有为，不为别为官。

120 权力是把"双刃剑"，既能"斩"别人，也能"斩"自己

任何事物都是一分为二的，权力也是如此，它既可以使人高尚，也可以使人堕落，用好了可以成就自己、造福人民，用不好则会迷失自己、为害一方。正如邓小平同志所说："我们拿到这个权以后，就要谨慎。不要以为有了权就好办事，有了权就可以为所欲为，那样就非弄坏事情不可。"习近平总书记指出："我们的权力是党和人民赋予的，是为党和人民做事用的，只能用来为党分忧、为

国干事、为民谋利。"深刻回答了"权力是什么，用权为什么"这个根本问题。

权力当作负担，工作稳如泰山。原苏联部长会议主席雷日科夫认为，"权力应当成为一种负担。当它是负担时就会稳如泰山，而当权力变成一种乐趣时，一切也就完了"。领导干部对待权力，既要摆正公与私的位置，又要理顺权与责的关系，职务高了勤思义务，权力大了多想责任，把正确行使权力视为自己必须挑起的重担、义不容辞的责任，在行使权力的过程中，形势越好，发展越顺，成绩越大，越应该谦虚谨慎；否则，"倾覆""沉沦"等不测事件随时可能发生。

手中有权力，心中有敬畏。古人云："畏则不敢肆而德以成，无畏则从其所欲而及于祸。"没有敬畏之心，就会见利忘义、唯利是图，就会罔顾廉耻、颠倒黑白，就会胡作非为、无法无天。时下一些领导干部奉行"一朝权在手，便把令来行"的为官之道，有点权力就开始摆架子、耍官威，更有甚者将权力公器变成为己谋利的工具。领导干部一定要清醒认识到：手中掌握的权力是国之公器，只能姓公、必须为公，既要敬重权力的威力，又要畏惧权力的锋芒。要经常想一想自己手中的权力是从哪里来的、应该为谁所用这个重要问题，时刻牢记习近平总书记"公权为民，一丝一毫都不能私用"的告诫，绝不为己弄权做官，绝不狂妄自大、肆无忌惮，甚至贪得无厌、无法无天。

用权无边界，损人不利己。习近平总书记强调："权力是一把双刃剑，在法治轨道上行使可以造福人民，在法律之外行使则必然祸害国家和人民。"领导干部要始终做到依法依规用权，带头尊法学法守法用法，严格依照法定权限、规则、程序行使权力、履行职责，任何时候都不能以言代法、以权压法、徇私枉法，确保权力行使不偏离法治轨道。要坚持廉洁用权，自觉抵制金钱、物欲、美色的诱惑。自觉接受社会各方面的监督，既要管好自己，又要防止他人利用自己的权力和职务影响谋取非法利益。

121　心中有戒"不妄为"，秉公用权"不任性"，行为有度"不出格"，担当尽责"不懈怠"，廉洁自律"不变质"

习近平总书记强调："一个人能否廉洁自律，最大的诱惑是自己，最难战胜的敌人也是自己"，"我们共产党人更应该强化自我修炼、自我约束、自我塑造，在廉洁自律上作出表率"。领导干部要时时处处慎为、慎权、慎行、慎责、慎律，时刻注意严以修身、严以用权、严以律己，永葆共产党人的先进性和纯洁性。

心有戒行才有"界"，讲规矩守纪律方能行稳致远。心中有戒，才能去除侥幸、进退有序，不致乖张、恣意妄为。心中有戒，就要严守戒律，切实增强遵纪守规的政治意识，时刻自我警醒、自我约束、自我克制，在思想上力戒胡思乱想，在政治上力戒不听招呼，在作风上力戒散漫无序，在言论上力戒胡说八道，在行为上力戒妄为乱为，始终坚守崇高的政治理想，严守政治纪律和政治规矩。

严以用权"慎"为先，依法依规才会有真作为。权利与责任相连、与制度相接，既不是自由之物，更不能无所畏惧。有权不任性，就会依法用权，就能做到法无授权不可为、法定职责必须为，就会明确身份、恪守本分，不因位高而傲骄，不因权大而忘形，就能摒弃公权特权化、私权化，领导干部要始终把权利用之于民，始终把为人民谋发展增福祉作为最大责任，始终把社会主义现代化建设使命扛在肩上。

行之有度操之有方，恰当得体才能收放自如。凡事都有它的内在规律、运动节奏，行为亦如此。当快则快、当慢则慢，该前则前、该后则后，只有把握和顺应行为的内在规律，做到适势、适时、适度，才能张弛有度、收放自如。领导干部要严格自律、修炼定力，常修为政之德、常怀律己之心，防微杜渐，勿以恶小而为之，小恶不止，必成大患；要怀廉洁之心，将清正廉洁的思想真正贯穿于日常生活的每个细节行为之中，标准之内不苛求，标准之外不伸手，切实做到慎独而行，行而有度。

厚其栋而任其重，担当尽责品自高。"人所能负的责任，我必能负；人所不能负的责任，我亦能负。"敢于担当是共产党人的鲜明政治品格。是否具有担当精神，是否能够忠诚履责、勇于担责，是检验党员干部身上是否真正体现了共产党人先进性和纯洁性的重要方面。领导干部无论身处什么岗位、无论担任何种职务，都必须忠于职守、敬业奉献、奋发有为，树立正确的事业观、政绩观，勇于担当、敢于负责，面对大是大非敢于亮剑，面对矛盾敢于迎难而上，面对失误敢于承担责任，面对歪风邪气敢于坚决斗争。

勿以官小而不廉，干干净净永不褪色。"白袍点墨，终不可滴"，清正廉洁是领导干部从政道德的原则和底线。领导干部要始终坚持把廉洁自律作为一种思想境界来提升，作为一种职业操守来要求，牢记清廉是福、贪欲是祸的道理，树立正确的权力观、地位观、利益观，任何时候都要稳得住心神、管得住行为、守得住清白，做到"心不动于微利之诱、目不眩于五色之惑"，一身正气、一尘不染，自重、自省、自警、自励，永葆清正廉洁的政治本色。

122 纪律的约束力取决于纪律的执行力

实践证明，党的纪律严明、执行有力，党的生命力、战斗力、领导力就强；党的纪律松弛、执行不严，党的凝聚力和战斗力就会下降，领导能力和执政能力就会削弱。当前，我们党正领导人民进行具有许多新的历史特点的伟大斗争，形势复杂、任务艰巨，必须加强党的纪律建设，增强党的纪律执行力，强化纪律约束能力，实现遵守党纪无条件、党纪面前无例外、执行党纪不含糊。

纪律应使人"受绳则直，就砺则利"。纪律如缰绳，须挺直坚韧，倘若空乏无力，就会让党员干部成为"脱缰野马"，言行肆意不受制约，轻易间便能陷入腐败泥潭。党的各级组织和领导干部都必须受党的纪律约束，任何违反党纪的行为，都必须受到追究。纪律严不严、有没有效，关键要看纪律面前是否一律平等、执行纪律有没有例外，要采取管用的措施，提高组织管理的有效性，强化党规党纪的刚性约束，做到执纪必严、违纪必究。领导干部要增强纪律观念，深刻认识纪律的外在约束力，注重宣传教育、示范引领、实践养成相统一，注重党章规定、制度规范、纪律约束相衔接，推动党纪条规内化于心、外化于行、固化于制，成为领导干部的价值追求和自觉行动。

纪律应确保"坐言起行，重在执行"。习近平总书记指出："遵守党的纪律是无条件的，要说到做到，有纪必执，有违必查，而不能合意的就执行，不合意就不执行，不能把纪律作为一个软约束或是束之高阁的一纸空文。"执行力是纪律的生命所在，执纪不严，失之于宽、失之于软，就会组织涣散、纪律松弛。领导干部特别是"一把手"，是执行党的纪律和规矩的风向标，要在讲政治纪律、守政治规矩上作表率，要养成自觉依照党章党规党纪办事的习惯，用党章党规党纪去衡量和约束自己的言行，以身作则无条件遵守党的纪律；要遵守党的纪律和规矩，不搞变通、不作选择，坚决纠正对组织决定和制度规定合意的就执行、不合意就不执行的问题；要切实负起党风廉政建设主体责任，坚持原则、敢抓敢管，勇于向一切违反党纪国法的行为亮剑，敢于做制度的坚定捍卫者，严防"破窗效应"、践踏制度。

纪律应以"言出法随"，得使"守文持正"。纪律有了严格执行的保证，约束力就能随之产生。实现约束到自制、由"不敢"、"不能"到"不想"，关键在于执行、根本在于执行。纪律不彰，必然失去防线；规矩不严，必然警示无力。严格执纪是维护党纪权威、保持纪律生命力的命脉所在。要严格执纪无弹性，坚持党的各项纪律都要严，严格执纪标准不放松，严格执纪流程不走样，严格执纪问责不手软，坚持实事求是、权责一致、依规依法有序原则，做到查处问责及时、责任追究到位、问责执罚到人、惩治落实到底，切实维护党的纪律的约束性、严肃性。

123　政策作为"生命线"，法纪作为"高压线"

政策是党和国家为实现一定时期的目标或路线而制定的行为规范，只有在政策范围内行事才能正确履职；法纪是为了规范社会行为所制定的禁令，违反法纪者必受惩处。习近平总书记指出："要正确处理党的政策和国家法律的关系。"我们党的政策和国家法律都是人民根本意志的反映，在本质上是一致的。现实中，一些领导干部腐化变质，往往是从违反纪律、破坏政策规矩开始的。事实证明，思想上放松了纪律和规矩这根弦，行为上就会任性妄为。领导干部要把政策作为"生命线"，常思行事规矩，更要不碰法纪"高压线"，时时刻刻按规矩办事，把守纪律、讲规矩变成一种行为自觉。

好政策不会自动"变现"。习近平总书记指出，"如果在政策上左顾右盼，在工作上浅尝辄止，就会贻误时机"。政策的生命力内显于制定，外显于落实。政策制定的是否正确科学，直接关系到政策的执行效果以及党和人民的利益，为政者在制定政策过程中，要精准认识和把握社会发展规律，自觉遵循实事求是的原则，重视调查研究，了解基层群众所思、所想、所盼，围绕合民意、惠民生来制定。领导干部在执行政策过程中，必须坚持辩证思维，正确认识和处理政策的各种关系和矛盾，弄清楚整体政策安排与某一具体政策的关系、系统政策链条与某一政策环节的关系、政策顶层设计与政策分层对接的关系、政策统一性与政策差异性的关系、长期性政策与阶段性政策的关系，做到准确领会政策要点和要领，不随意解读，全面贯彻落实到位。

规矩不可弛于家，法纪不可废于国。习近平总书记强调，党的纪律规矩不仅要立起来，而且还要严起来，不止设立"高压线"，而且要让"高压线""带电"，切实对违规违纪行为"零容忍"。领导干部如果心中无党纪、眼里无国法，必然"踩雷""触电"，一步步滑向腐败堕落的深渊。领导干部要时刻绷紧党纪国法的"高压线"，在思想上增强纪律意识、规矩意识和法治观念，深入学习法纪理论，把法纪要求铭记于心，时刻提醒自己，警示自己，规范自己，在做出行动之前对照法纪要求，进行反思。只有"明制度于前"，方可"重威刑于后"，只有明规矩、循法纪、知敬畏、存戒惧，明白哪些是绝不能触碰的"高压线"，才能更好地"修齐治平"，才能锻造更坚强有力的战斗堡垒，才能为实现中华民族伟大复兴中国梦作出更大的贡献。

守住政策底线，不碰纪律高线。俗话说，人不以规矩则废，党不以规矩则乱。政策作为"生命线"，纪律作为"高压线"，共同划定了领导干部的行事规范。一个没有政策底线作为"生命线"的领导，行事必然偏离规范，甚至会触犯纪律的"高压线"；而漠视纪律，胡乱作为的背后必然已经脱离了政策的"生命线"。领导干部既不能忽视"生命线"的重要，更不能忽视"高压线"的威力，做任何事情，都要守规矩、走正道，在轨道上行进。而政策和法纪就是轨道的两条边界，越轨出界迟早要翻车。

124 把"讲规矩"作为政治生命的"紧箍咒""护身符"，把"有纪律"作为干事创业的"生命线""安全带"

古人云："欲知平直，则必准绳；欲知方圆，则必规矩。"没有规矩不成方圆，更不成为马克思主义政党。是否讲规矩、有纪律，是检验党员是否服从组织领导、是否对党忠诚的有效途径，也是衡量共产党员是否合格的重要标准。对领导干部来说，规矩纪律是刚性约束，也是柔性保护。只有按纪律来、按规矩办，不踩雷、不越线，才能站得稳、行得远。

矩不正，不可为方；规不正，不可为圆。无规矩不成方圆，懂规矩好守法度。习近平总书记指出，规矩是我党从胜利走向胜利的重要法宝。规矩是统一思想、统一认识、统一意志，指引我们不断前进的重要原则。领导干部要牢固树立规矩意识，当好讲"规矩"的"排头兵"，明白哪些事能做、哪些事不能做，哪些事该这样做、哪些事该那样做，自觉按原则、按规矩办事；要带头严守规矩，不能拿规矩当"手电筒"，只照别人不照自己，自觉遵守党章党规、法律法规、规章制度等，时时处处事事讲规矩。

举头三尺有纲纪，不欺暗室是正理。毛泽东同志曾形象比喻："路线是'王道'，纪律是'霸道'，两者都不可缺少。"习近平总书记强调，党的纪律是党的各级组织和党员必须遵守的行为准则。从一个国家到一个组织的管理都需要纪律的约束，在任何情况下都不能放松对纪律的建设，任何人都不能越"红线"、闯"红灯"。领导干部要经常开展纪律教育，加强对党内法规的学习，要时刻强化纪律意识，心怀敬畏、心存警戒、不欺暗室，带头遵纪守纪、保障执纪，维护纪律的权威和威严；要率先做好守纪律的表率，严格遵守党的政治纪律、组织纪律、廉洁纪律、群众纪律、工作纪律、生活纪律，做到纪律面前知敬畏、存戒惧。

纪在法前，纪严于法。古语云："其身不正，虽令不从；其身正，不令而行。"党的十八大以来，习近平总书记就政治纪律和政治规矩作出一系列重要论述，为严守党的政治纪律和政治规矩提供了根本遵循。领导干部是纪律和规矩的制定者、倡导者，更要成为模范的遵守者、践行者。特别是对政治纪律和政治规矩，要十分明确地强调、十分坚定地执行，不能语焉不详、闪烁其词。领导干部要深入学习贯彻习近平总书记关于严明政治纪律和政治规矩的重要论述和党中央决策部署，坚持思想教育、立规明矩、正风肃纪相结合，严肃查处违反政治纪律和政治规矩的人和事；要始终把政治纪律和政治规矩挺在最前面，自觉做政治上的明白人、遵规守纪的老实人，切实做到"心有所畏、言有所戒、行有所止"。

125 不断增强意志力、坚忍力、自制力

古语云："石可破也，而不可夺坚；丹可磨也，而不可夺赤。"历史和现实已经证明，无论是枪林弹雨还是风刀霜剑，无论是闯关夺隘还是摸着石头过河，前进道路越是艰辛，越是中流浪急、半山坡陡，中国共产党人迸发出的精神力量就越强大。进入新时代，我们更需要传承党的光荣传统和优良作风，不断增强意志力、坚忍力、自制力，立标杆、做脊梁、展旗帜、聚民心、鼓士气，履行好肩负的神圣历史使命。

立志不坚，终不济事。意志力是一种精力集中、专注一贯，执着追求，持之以恒、勇毅无畏的精神能力。"志不立，天下无可成之事。"有了坚定的理想信念，意志力就强了，就能坚定正确政治方向，做到"风雨不动安如山"。倘若意志不坚，就如"为山九仞，功亏一篑"，难成大事。理想信念的坚定，来自思想理论的坚定。要学懂弄通做实习近平新时代中国特色社会主义思想，不断提高政治判断力、政治领悟力、政治执行力，锻造为崇高理想奋斗终身的钢铁意志。

坚忍维持而后再振，坚忍力争而后有济。曾国藩曾告诫后人，面对困境，要坚韧不拔，面对挑战，要忍住急躁，时机到时，出手力争，才有可能重振声威，经世济民。我们的事业之所以伟大，就在于经历世所罕见的艰难而不断取得成功。开启全面建设社会主义现代化国家新征程，面临的风险和考验一点也不会比过去少。当严峻形势和斗争任务摆在面前时，我们的头脑要特别清醒、立

场要特别坚定，做到在各种重大斗争考验面前"不畏浮云遮望眼"，"乱云飞渡仍从容"。特别是要增强坚忍力，不屈不挠、一往无前，决不能碰到一点挫折就畏缩不前，一遇到困难就打退堂鼓。必须以永远在路上的坚韧和执着认真履职尽责，做疾风劲草、烈火真金。

能自制者，方能制人。自制力是指有所为有所不为，自己能够掌控自身言行、情绪、习惯、欲望的能力，能够做到"猝然临之而不惊，无故加之而不怒"。自制力是人生的方向舵，使人生之舟避开暗礁、旋涡，永不覆灭。新时代，"四大考验""四种危险"是长期的、复杂的、严峻的，领导干部必须持之以恒增强自制能力，严于律己、严控己身。要把自制力作为一种必备素养，持续增强纪律观念，克己自律，把纪律的外在约束力转化为内在的自制力，在思想和行为上拧紧"总开关"，以身作则，坚决管住自己的手、管住自己的心，时刻保持清醒的头脑，用实际行动践行党员干部的初心使命。

126 保持如履薄冰的谨慎，增强见叶知秋的敏锐

习近平总书记强调："越是党龄长、职务高、成绩大，越要谦虚谨慎、戒骄戒躁，而不能居功自傲"，"越是取得成绩的时候，越要有如履薄冰的谨慎，越要有居安思危的忧患"，时刻保持如履薄冰的谨慎、见叶知秋的敏锐。马克思主义认为，量变发展到一定

的程度时，事物内部的主要矛盾运动形式发生了改变，进而引发质变。质和量的统一叫"度"。"度"就是一定事物保持自己质的量的限度，是万事万物量变与质变的节点。领导干部一言一行系于整体，每招每策关乎全局，权力越大越要注重小事小节，善于把握"度"的边界，做到见微知著、小心谨慎。

靠谨慎比靠鲁莽更能制胜。明朝文学家方孝孺说："人之持身立事，常成于慎，而败于纵。"小心谨慎的人，会对事物作整体的、细节性的考虑，小心评估利弊得失，并且时常反思自己的决定和行动，吸取经验教训，自然更能把事做对、做好，而不容易出问题。习近平总书记曾告诫全体党员，我们必须坚持谦虚谨慎、戒骄戒躁。如果把带领人民群众筑梦、追梦的过程当作一场难度极大的"考试"，那么我们就要做一个谦虚谨慎的"学生"。而现实中，有的干部遇事轻率，不调查不研究，不了解具体情况，偏听偏信、自以为是；有的做事草率，凭心情做事，拍脑袋决策、鲁莽行事、一味蛮干；有的处事粗率，看不到风险，更看不到陷阱，心存侥幸、胆大妄为；等等。其结果必然是误事、坏事、出事。小心驶得万年船。理性和激情都重要。领导干部无论是干事创业，还是廉洁自律，都必须慎字当头、慎之又慎，谨慎对待每一项工作、每一个决策、每一个细节，做什么事都看准方位、找准站位、把准定位，绝不能马虎大意、有恃无恐，更不能有权就任性。

见微已然知著，防微方可杜渐。习近平总书记强调："领导干部要有草摇叶响知鹿过、松风一起知虎来、一叶易色而知天下秋的见微知著能力，对潜在的风险有科学预判，知道风险在哪里，表现形式是什么，发展趋势会怎么样，该斗争的就要斗争。"世间之事，司空见惯的事情往往容易出现意想不到的情况，习以为常的惯例背后经常有居心叵测的算计，油水厚的地方也往往更容易滑倒。生活中许多看起来微不足道的小事、细节，往往折射出事物的发展和变化。做人做事，如果没有出众的敏锐性，整天浑浑噩噩，把不住形势，看不清问题，就会在遇到问题和矛盾时手忙脚乱、难以应对，最终招致祸端。领导干部增强敏锐性，就要在"大是大非"上始终保持头脑清醒，善于分清主流和支流、真理和谬误、善美和丑恶，绝不能随波逐流、人云亦云、是非不清；就要在小事小节上具有一双透过现象看本质的慧眼，善于看清本质、判明厉害，从最坏处着眼，未雨绸缪早作打算，切实做到防微杜渐。

127 自架"高压线"，自设"防火墙"，自念"紧箍咒"，耐得住寂寞，顶得住歪风，经得住诱惑，管得住自己

习近平总书记指出，在我们国家有一句话，叫面壁成佛，就是自我境界的提升。唯物辩证法认为，影响事物发展的因素有内因和外因，但起决定性作用的是内因。一念收敛，则万善来同；一念放恣，则百邪乘衅。领导干部权力越大，诱惑越多。如果自律搞不好，他律再多再严，也难保不出问题。

自觉发乎自愿，自愿赖于自律。马克思说："道德的基础是人类精神的自律。"火车要受轨道的约束，否则就会倾覆；河流要受

堤坝的约束，否则就会泛滥；权力要受法纪的约束，否则就会滥用导致腐败。自律是人类的一种美德，也是共产党人的基本道德要求。陈云曾为自己与家人定下规矩：不收礼、不吃请；罗瑞卿见到有人送礼，就一句话"礼退回，人处分"；杨业功坚持不见送礼者，房门上书"携礼者莫入"。树贵自直，人贵自律。内心自律失守，外在诱惑才能乘虚而入。对领导干部而言，自律如"清凉油"，可以自我清醒；如"常鸣钟"，可以自我警惕；如"手术刀"，可以自我解剖。

省事之本，在于节欲。德国哲学家康德说："所谓自由，不是随心所欲，而是自我主宰。"贪欲没有牙齿，却能吞噬人的灵魂；诱惑没有双手，却能把人拽入泥潭。对自己有所约束，对欲望能够掌控，对诱惑保持清醒，才能把握自己的人生。领导干部手中都掌握着一定的权力，往往成为被攻关、拉拢、围猎的对象，如果不注意加强修身自律，一旦指针偏离，随时都可能陷入"人见利而不见害，鱼见食而不见钩"的陷阱，随时都可能被"糖衣裹着的炮弹"击倒。领导干部身上有千钧重担，身后有千军万马，是党执政兴国的骨干力量，在加强自律上必须标准更高、要求更严、走在前列，始终保持共产党人的本色，真正做到一身正气、一尘不染。

既要眼里识得破，又要肚里忍得过。《醒世恒言》里有则寓言故事：官吏薛某于昏昏梦中化为湖中鲤鱼，恰遇渔夫垂钓，明知饵在钩上，吞之必出大祸，但终耐不住饵香扑鼻，张口咬饵被钓。这就是"眼里识得破，肚里忍不过"。反观一些干部，之所以擅越党纪国法的雷池、乱闯廉洁政治的禁区，不是不明白"惩治腐败力度决不减弱、零容忍态度决不改变"的治党警示，不懂得"吾日三省吾身"的自律哲理，而是因为在自律上放松了要求。领导干部最大的诱惑是自己，最难战胜的敌人也是自己，一旦无法克制过多的欲望，就极有可能沦为欲望的奴隶。必须善于律心，在升迁去留上选准"比对尺"，在利益得失上选好"参照系"，在政绩评判上找准"对时表"，切实做到为官一任，造福一方；必须长于律言，不牢骚满腹、怨天尤人，不挑拨是非、影响团结，不当面不说、背后乱说；必须严于律行，始终自警自律、慎独慎微，做到为官不妄为、有权不任性，不慕虚荣、不谋私利。

128 勤俭节约，艰苦朴素是事业成功的基石；奢侈浮夸，铺张浪费，是堕落垮台的温床

战国时期，秦穆公问下属由余："古之明王得国失国何以故？"由余答："常以俭得之，以奢失之。"唐代大诗人李商隐在总结唐朝由盛世走向衰败的历史教训时，也写下了"历览前贤国与家，成由勤俭破由奢"的警世名言。可以说，"成由勤俭破由奢"是解读历史上所有王朝兴亡更迭的一把密钥。一个国家、一个民族、一个家庭若失了勤俭，沉溺于奢靡，精气神就会衰退、事业就会衰败。因而，几千年来，中华民族一直视艰苦奋斗、勤俭节约为持家之本、兴业之基、治国之道。

勤俭是做人之根，奢侈是万恶之源。我们党的发展史，其实就

是一部艰苦奋斗史，从井冈山时的"红米饭、南瓜汤"，到长征时的"啃树皮、嚼草根"，再到抗美援朝时的"一把炒面一把雪"，一代代共产党人筚路蓝缕，才为今天的盛世伟业打下了基础。1949年，毛泽东同志在七届二中全会上告诫全党，"务必使同志们继续地保持谦虚、谨慎、不骄、不躁的作风，务必使同志们继续地保持艰苦奋斗的作风"。这就是被我们党始终牢记和坚持的"两个务必"。新中国成立后，虽然物质条件有了很大改善，但在老一辈革命家身上，勤俭总是他们不变的本色。在共产党员的带领下，全国人民也都把勤俭节约作为做人和做事的行为准则，在敢吃苦、能吃苦中大力建设国家，将我国社会主义现代化建设事业推上了一个又一个新的台阶。当干部要学史明理，要始终牢记我们党的艰苦奋斗历史，接好、用好、传好艰苦奋斗、勤俭节约这个"传家宝"。

无勤俭无以廉洁，无奢侈无以腐化。守业更比创业难。经过几代人的努力，我们的社会主义建设已经取得了很大成就，特别是改革开放以来，国家的面貌发生了翻天覆地的变化，人民的生活水平也得到了显著提高，可以说我们党的百年成长史是一部非常成功的创业史。随着经济发展、社会进步，人们对物质生活的需求已经从"吃得饱、穿得暖"向"吃得好、穿得好"转变，这是正常的对美好生活的追求。但一段时期以来，享乐主义和奢靡之风在很大范围兴盛起来，一些领导干部安于现状、贪图安逸，缺乏忧患意识和创新精神，在许多方面大手大脚、铺张浪费，社会风气也跟着变质变坏。虽然党的十八大以来，奢侈浪费等行为得到了大力整治，但作风建设永远在路上。前行不忘来时路，正如习近平总书记所强调的：“不论我们国家发展到什么水平，不论人民生活改善到什么地步，艰苦奋斗、勤俭节约的思想永远不能丢。”新时代的领导干部勇担使命再出发，必须始终牢记“守业更比创业难”的历史经验，始终发扬艰苦朴素的工作作风，从“光盘行动”等小事做起，从“树好家风”等身边事做起，奋力开创中国特色社会主义事业新局面。

129 不因“小腐败”而违规逾矩，不因“小问题”而姑息迁就，不因“小意思”而欣然笑纳

习近平总书记曾在《小事小节是一面镜子》一文里提道：“于细微处见精神，于细微处也见品德。小事小节是一面镜子，能够反映人品，反映作风。”不虑于微，始成大患；小病不医，大病难治；不防于小，终亏大德。在小节上“失守”，就很难保住“大节”，这是被无数事实证明了的一条铁律。领导干部面对形形色色的诱惑，一定要守住底线，切不可越雷池半步。

毛毛细雨透衣裳，杯杯美酒败家当。俗话说：“舟必漏而后入水，土必湿而后生苔。”有这么一则故事：有一群苍蝇发现一瓶打翻了的蜂蜜，自在地落在上面享用起来，而当它们吃饱喝足想要飞走时，却发现脚已被蜂蜜牢牢地粘住，再也飞不起来了。于是，苍蝇后悔地说：“我们太傻了，为了一点点蜜把生命断送了。”小腐败、小问题、小意思就像这“一点点蜂蜜”，总是因为其“小”，而被

忽视、被懈怠，待到缓过神时悔之晚矣。现实中，有的干部不拘小节，觉得吃一顿饭、喝一瓶酒、收一盒茶、接一条烟都是无伤大雅的"小节"；有的心存侥幸，觉得吃一点、喝一点、拿一点、收一点、贪一点，只要自己手段高明，就能瞒天过海。殊不知，"贪如火，不遏则燎原；欲如水，不遏则滔天"。这些看似金额小、情节轻、不起眼的"小东西"，却在自己的思想防线上打开了缺口、留下了暗门，而欲望的闸门一旦打开，就会如同决堤的洪水，一发而不可收，就会使自己如同"温水中的青蛙"一样，变本加厉、堕进深渊、陷入囹圄。

贪小便宜吃大亏，小节绝不可小视。习近平总书记告诫领导干部："要多积尺寸之功。小事小节是一面镜子，小事小节中有党性、有原则、有人格。要牢记'堤溃蚁孔，气泄针芒'的古训，坚持从小事小节上加强修养，从一点一滴中完善自己，严以修身，正心明道，防微杜渐，时刻保持人民公仆本色。"身为领导干部，既要在大是大非、糖衣炮弹面前界限分明，更要注重在蝇头小利面前时刻自警自省、防微杜渐，常思贪欲之害，常修为政之德，常怀律己之心，自觉抵制形形色色"病菌"的入侵，真正做到心不动于微利之诱，目不眩于五色之惑。要注重深入思想、深入实践、深入生活，学会用放大镜、显微镜看问题，坚持在一人一事、一言一行中正心明道、严格自律，从小事小节上加强修养，从一点一滴中完善自己，不该去的地方坚决不去，不该拿的东西分毫不拿，不该吃的东西半口不吃，始终不放纵、不越轨、不逾矩，以过硬的作风，树立起让人民群众信服的高大形象。

130 上下级关系要清清爽爽、规规矩矩，不能搞旧社会的君臣父子关系，更不能搞庸俗化的小圈子，拉拉扯扯，投桃报李

习近平总书记强调，要保持健康的党内同志关系，倡导清清爽爽的同志关系、规规矩矩的上下级关系，坚决抵制拉拉扯扯、吹吹拍拍等歪风邪气，让党内关系正常化、纯洁化。领导干部如何处理上下级关系，不仅是工作方法的问题，而且是世界观的问题，更是对人民群众的立场和态度的问题，必须彻底摒弃庸俗的关系学，坚决抵制拉拉扯扯、吹吹拍拍等歪风邪气，既讲感情又讲原则，倡导清清爽爽的同志关系、规规矩矩的上下级关系。

同德则同心，同心则同志。"同志"一词，是志趣相同、志同道合之意，意味着志向相同、精神相通、地位相等、情感相亲。在我们党内，上下级之间的关系，是民主平等的关系，是平等相待、坦坦荡荡、清清爽爽的同志关系。刘少奇同志曾说，党内有负责人与非负责人，有领导者与非领导者，尽管有先天的不同，在工作上、职务上、职权上的不同，大家在基本上是平等的。邓小平同志曾指出："不论是担负领导工作的党员，或者是普通党员，都应以平等态度互相对待。"而现实中，少数领导受封建糟粕和官僚主义、宗派主义、"江湖习气"等不良风气的影响，思想上混淆了公权和私利的界限，投机钻营、不讲党性，把党内平等的同志关系异化为庸俗的帮派关系、主仆关系、利益关系等等，严重损害了党内政治生活。君子周而不比，小人比而不周。"小圈

子""小团体""小帮派"等能够组建起来的根本原因是一些干部把权力异化、私有化，变成个人或少数人牟取利益的工具，都是不讲党性、不讲原则、不讲纪律、不讲规矩的表现。领导必须坚决抵制这些歪风邪气，坚持以党性为原则、以党纪为规矩，涵养高尚纯洁的同志关系。

同事之交无私心，同志之交清若潭。邓小平同志曾指出，"不能把党内同志之间的平等关系，变成旧社会君臣父子关系、猫鼠关系、帮派关系"。习近平总书记强调："党内决不能搞封建依附那一套，决不能搞小山头、小圈子、小团伙那一套，决不能搞门客、门宦、门附那一套。"领导干部必须坚持以党纪党规为根本、以团结和谐为目的，合规合纪、合情合理处理好上下级关系，使上下级关系更加纯粹、更加简单、更加朴实、更加干净。要始终对党忠诚，牢记"组织是最大的靠山，人民是永远的上级"，从思想深处彻彻底底、完完全全认同组织，珍惜组织给予的政治生命，牢记组织嘱托，始终不忘"依靠谁"，始终为人民的美好生活向往努力奋斗，用自己的实干、实绩赢得人生价值；要增强平等意识，自觉摒弃官僚主义作风，认识到党内工作只有分工不同，没有高低贵贱之分，相互理解相互尊重，带头在同志之间多说真心话、多做贴心事、多干实在事；要坚持纪律规矩，只干符合实际的事、原则允许的事、群众拥护的事，严格按规矩办，按制度办，该是什么就是什么，该怎样就怎样，坚决抵制拉拉扯扯、吹吹拍拍的歪风邪气，坚决抵制阿谀奉承的腐朽文化，绝不让制度规矩成为摆设，切实把"底线"守住。

131 管好自己的腿，不该去的地方不去；管好自己的嘴，不该吃的不吃；管好自己的手，不该拿的不拿

"政者，正也。"清正廉洁，是干部为官从政的基本底线。在共产党人的字典里，公与私、廉与贪，从来都是泾渭分明、水火不容的。只有恪守清正廉洁的基本底线，才能始终保持共产党人的本色。明代何良俊所著《四友斋丛说》"白袍点墨，终不可澣"的故事告诉我们，清廉操守恰如一袭无瑕的白袍，容不得沾染半点利益的污墨。然而，世事充满诱惑，现实中领导干部往往容易成为围猎的对象，正是在不知不觉中，放松了警惕，陷入"人见利而不见害，鱼见食而不见钩"的陷阱。当干部要善于拒绝诱惑，讲官德、讲原则、讲底线，慎独、慎初、慎微，常怀律己之心、常思贪欲之害，始终做到不放纵、不越轨、不逾矩，增强拒腐防变的免疫力。

树贵自直，人贵自控。当干部不能老想着控制他人，而是要首先控制好自己。没有自控能力，不要说在社会上不行，在单位不行，就是在家里都不行。一个不能自我控制的人，就容易被别人控制，因为他会放松对自己的要求，为自己找借口，甚至被"围猎"，最终走上不归路。掌控自己是一辈子要练的功夫，只有做到自觉自律，才能使自己的思想和行为始终在正确轨道上运行。亚里士多德曾说："美好的人生，就建立在自我控制的基础上。"自律是自由的前提，没有自律就没有自由。当干部要始终牢记"自己不打倒自己，谁也打不倒你"，始终心存敬畏、手握戒尺，越是在别人不知晓的情况下，越是在八小时之外，越要严格要求自己，越要严守各

方面的纪律，做到脑清、眼明、口洁、手净、脚稳。

所有的诱惑，都在暗中标好了价格。人生在世，想做的事往往很多，随心所欲、恣意妄为，固然可以图得一时痛快，但其最终结果往往是惨痛的。世间多繁华，追求无止境。天上不会掉馅饼，地上处处是陷阱。干部手中掌握着公权力，一些人往往把干部当作"优质资源"来经营、当"潜力股"来投资、当重点对象来"攻关"，打着关心关爱的旗号，千方百计找准你心里的薄弱点，在温情脉脉的面纱掩盖下向你发起进攻，让你在不知不觉中放松警惕，一步步陷入泥淖而不能自拔。这些看似无所求、信得过、靠得住的"知己""好友"，往往就是隐藏最深的猎手，他们想从你身上获得的，远不是那点"投入"就能满足的，他们的要价更高、更昂贵。能克己律己，方能成己成事。干部最大的诱惑是自己，最难战胜的敌人也是自己。一旦无法克制过多的欲望，就极有可能沦为欲望的奴隶。真正能成事的人，都懂得克制自己。当干部就要学会克制自己，筑牢思想防线，自警自律，防止"贪欲缠身"，学会拒绝，学会对自己说不，为官不妄为、有权不任性，不慕虚荣、不谋私利，让内心感到安稳，让生活充满阳光，让事业不断发展。

在思想上画出红线，在行动上明确界限。"欲者，情之应也。"人都有七情六欲。抵制住金钱、物质、美色等诱惑，最有效的办法就是守住边界、避而远之。不见可欲，使心不乱。清代道光年间，刑部大臣冯志圻酷爱碑帖书画，一次下属献给他一本宋拓碑帖，他原封不动退回，有人劝他打开看看无妨。冯志圻说，这种古物乃稀世珍宝，我一旦打开，就可能爱不释手，"封其心眼，断其诱惑，

怎奈我何？""贪如火，不遏则燎原；欲如水，不遏则滔天。"欲是
焚身火。干部一旦被贪欲所侵蚀、被物欲所左右、被权欲所控制、
被情欲所玷污、被色欲所征服，就会引出无穷祸端。远离诱惑，则
欲浪无从兴起，自然不被诱惑所困、所累、所苦、所害。干部应当
加强主观世界的改造，牢固树立正确的世界观、人生观、价值观和
权力观、地位观、利益观，守住原则底线，在形形色色诱惑纷扰中
看得清、辨得明，时时管住自己的欲望、不胡思乱想，管住自己的
权力、不任性妄为，管住自己的行为、不胡作非为。

132 培养积极健康的生活情趣，筑牢"防火墙"，守住"高压线"，过好"廉洁关"，仰不愧于党，俯不愧于民，内不愧于心

　　每个人都是社会中的个体，都有自己的志趣。志趣是人的一种
个性品质，指人的志向、理想和与志向相关的爱好和执着的追求，
是人的世界观、人生观、价值观的内在表现。志趣决定情趣，有什
么样的志趣，就有什么样的情趣。高尚的情趣催人奋发向上，卑下
的情趣叫人落入低俗。习近平总书记指出："要牢记'从善如登，
从恶如崩'的道理，始终保持积极的人生态度、良好的道德品质、
健康的生活情趣。"一个党员一面旗帜，一个干部一个标杆。党员
干部的兴趣爱好不仅反映着理想信念和精神追求，体现着人品和德
行，而且关系着事业的发展，影响着社会的导向。培养积极健康的

兴趣爱好，不但是党员干部立身做人的基本功，而且是党员干部干事创业、廉洁自律的必修课。

生活情趣非小事，人无规矩废百事。生活情趣具有两面性。积极健康的情趣，催人上进，使人奋发，是丰富生活色彩的"调色盘"、彰显人格魅力的"增味剂"、调节工作压力的"减压阀"、增强素质修养的"营养液"；低级的情趣，消磨意志，涣散斗志，低级庸俗导致精神空虚、异化无度导致玩物丧志、变质变味导致丧失原则。"上有所好，下必甚焉。"领导干部的生活作风和生活情趣，不仅关系着本人的品行和形象，更关系到党在群众中的威信和形象，对社会风气的形成、对大众生活情趣的培养，具有"上行下效"的示范功能。"楚王好细腰，宫中多饿死。"领导干部的爱好和情趣，很容易成为别有用心之徒投其所好的突破口。"不怕领导讲原则，就怕领导没爱好"，一语道破官员爱好与贪污腐败的关系：你好吃，就投之以甘饴；你好喝，就投之以佳酿；你好色，就投之以粉黛……往往一个人的蜕化变质，是从生活作风不检点、生活情趣不健康开始的，往往都是从吃喝玩乐这些"温水煮青蛙"起步的。如果领导干部生活作风上不检点、不正派，在道德情操上打开了缺口，出现了滑坡，那就很难做到清正廉洁，很难对社会风气起到正面引导和促进作用。领导干部必须恪守纪律规矩，正确选择个人爱好，明辨是非，克己慎行，时刻警钟长鸣，检点生活的方方面面，始终保持共产党人的政治本色。

粗缯大布裹生涯，腹有诗书气自华。健康的生活情趣不仅是爱好雅兴，更是一种文化品格；不仅是怡情养性，更是道德建树；不仅是个人情怀，更是人性展现。习近平总书记强调，要时刻警醒自己，培育积极健康的生活情趣，坚决抵制享乐主义、奢靡之风，永葆共产党人清正廉洁的政治本色。情趣在生活中养成、在学习中升华。领导干部培养积极健康生活情趣，要从加强学习入手、从加强心性修养着力。要牢固树立崇高远大的理想，树立正确的世界观、人生观、价值观，时刻保持思想的纯洁和精神的高尚；要培养有益身心健康的兴趣爱好，始终保持一颗健康、纯洁、充满热爱的心；要正确把握自己，保持清醒的头脑，在腐朽消极的思想观念和生活方式面前，不迷失方向、不丧失信念和勇气。

133 把"权"字认清，把"人"字写正，把"我"字看小，把"学"字记牢，把"干"字放大，把"智"字用活

习近平总书记强调，领导干部要知晓为官做事的尺度。"有分寸，讲原则，知责任"是为人处世的基本准则与行为操守。为官从政者，则更应清醒地丈量自身行为界限，正确认识权力与责任的关系，搞清楚"我是谁""为了谁""依靠谁"，把为官做事的尺度视作为党分忧的担当、为国献身的精神、为民请命的原则，使其根植于良心、体现于行动、折射于品行。

职务只是做事的平台，不是做事的目的。名位由来输功勋。当官是为了更好地做事，但做事不能只盯着当官。做事在前，做官在后；事业为重，官位为轻。然而，有些人把当官视为目的，把做事

视作手段。那种"不管工作好不好，领导满意最重要"的投机心理、"宁可不出彩，也不要出事"的错误认识、"奖牌一桌子，工作老样子"的政绩饥渴、"小荷才露尖尖角，就向组织要说法"的浮躁心态，颠倒了做官与做事的顺序，摆错了做官与做事的位置。"事如芳草春长在，人似浮云影不留。"职务晋升有尽时，能力提升无止境。职务有"天花板"，干事没有"天花板"。如果把干事作为最大的进步，就能每天品尝到奋斗的快乐、从政的价值。领导干部要认清权力与责任的关系，做到敬业、勤奋、创新、担当。

天大的英雄也来自百姓，树高千尺也扎根于泥土。河南内乡县衙博物馆有副对联，"得一官不荣，失一官不辱，勿说一官无用，地方全靠一官；吃百姓之饭，穿百姓之衣，莫道百姓可欺，自己也是百姓"，它凝结着古人对"官民"内涵的思考。走出"官本"，坚守"民本"，才能不忘本；少些官气，多些民气，才能聚人气。对共产党人来说，"自己也是百姓"就是"从群众中来，到群众中去"的群众路线、"以人民为中心"的人民立场。从邓小平同志提倡"西红柿炒鸡蛋就不错"的公务菜谱，到习近平总书记"我将无我、不负人民"的大爱情怀，再到"草帽书记"杨善洲等，不管时代如何变幻，人民情怀、平民本色正是我们党赢得人心、创造业绩的为政之宝。领导干部权力属于人民，在任何时候任何情况下，与人民同呼吸共命运的立场不能变，全心全意为人民服务的宗旨不能忘，群众是真正英雄的历史唯物主义观点不能丢，要以"无我之心"做为民之事、富民之事、乐民之事，创造无愧于时代、无愧于人民、无愧于历史的新业绩。

　　不怕难不怕苦，就怕一觉醒来被落伍。古人云："学则智，不学则愚。"明朝冯梦龙在《智囊》中云："人要有智慧，犹如土地要有水。土地没有水就会变成一片焦土，人没有智慧就会变成行尸走肉。"任何事物的发展变化都有其自身规律。充分认识和把握事物发展规律，是领导干部能力和水平的体现。不学习、不开拓视野、不了解新领域、不掌握新知识，怎么跟得上一日千里的新时代？又怎么驾驭得了层出不穷的新局面？领导干部不重视学习，就如同瞎子骑马、盲人摸象，难以拥有"不畏浮云遮望眼"的人生智慧，思想就无法进步，能力就无法提高，领导方法就无法改进，作出的决策也就不可能正确；不仅自己会落伍掉队、当不好官理不好政，更要紧的，还会给党的事业带来损害。必须秉承"一物不知，深以为耻"的学习探索精神，坚持学以增智、学以提能、学以致用，不断充电加油、赋能添力，以思想过硬、技术过硬、知识过硬的学习成效，推动工作迈上新台阶。

134 走好勤学善思的学习之路，走好践行宗旨的为民之路，走好砥砺奋进的实干之路，走好严于律己的修身之路

　　人生只有一次，应该好好珍惜。只有在感悟时代、紧跟时代中珍惜韶华，自觉按照党和人民的要求锤炼自己、提高自己，做到勤学善思、为民服务、实干立身、严于律己，才能放飞人生梦想、成

就事业华章。

学习一生天天纳新，实践一生天天创新。学习是立身做人的永恒主题，也是报国为民的重要基础。事有所成必是学有所成。当今世界，知识信息快速更新，拒绝了学习就是拒绝了进步，学习稍有懈怠就会落伍。干部走好人生路，必须勤于学习，舍得在学习上花时间、花精力，坚持干什么学什么、缺什么补什么，坚持在干中学、在学中干，下得苦功夫，求得真学问；必须善于思考，紧密结合思想上的困惑、工作中的难题深入思考，融会贯通，举一反三，推陈出新，成为行家里手、内行领导。

把汗水化作追求的脚步，用初心演绎人生的梦想。有奉献的人生，才是有意义的人生。只有把人生理想融入党和人民的事业，为了实现好、维护好、发展好最广大人民根本利益努力工作，才能彰显自我价值，实现人生目标，最终成就一番事业。如果浑浑噩噩、稀里糊涂，不知道"为了谁"，就会迷失人生方向。领导干部走好人生路，必须牢记初心和使命，始终把人民放在心中最高位置、把人民对美好生活的向往作为奋斗目标，把为民办事、为民造福作为最重要的政绩，始终同人民想在一起、干在一起。

有行动才有成绩，有实干才有结果。成功没有捷径，选择吃苦也就选择了收获。习近平总书记强调："人间万事出艰辛。越是美好的未来，越需要我们付出艰辛努力。"社会主义是干出来的，幸福是奋斗出来的。空谈误国，实干兴邦。领导干部走好人生路，必须保持只争朝夕、奋发有为的奋斗姿态，百折不挠、勇往直前，埋头苦干、攻坚克难，一往无前、永不懈怠，不断开辟事业发展新天地；必须真抓实干、做实干家，把干事交给自己，把升迁交给组织，潜心静气，积极作为，做起而行之的行动者，不做坐而论道的清谈客。

燃烧着孤独的自律，人生定能成功。决定人生高度的是自律。为官从政，能干事、干成事、不出事，才是真本事。只有消除"你知我知"的侥幸心理、"多劳多得"的补偿心理、"雁过拔毛"的贪婪心理、"惯例办事"的麻痹心理，自觉接受党纪国法的约束，才能行稳致远。廉洁出了问题，一切都将归零。干部走好人生路，必须强化自律意识，常怀律己之心、常修为政之德、常思贪欲之害，心存敬畏、手握戒尺，言有所戒、行有所止，慎独慎初慎微慎友，自重自省自警自励，经常审视和校准偏差，不放纵、不越轨、不逾矩；必须把家风建设摆在重要位置，以规立家、以身作则、从严治家，管好"枕边人"，教好"膝下人"，带好"身边人"。

后 记

　　做干部就得自觉地把自己摆进去、把工作摆进去、把职责摆进去。做了近四十年的干部，专门从事干部工作也近二十年，自然而然就会有一些感悟和体会。基于此，近些年来，笔者先后撰写了一系列"做好干部丛书"。图书出版发行后，得到读者的不少鼓励，自己也从中获得一些提高。应国家行政学院出版社之邀，又下决心撰写了这套"新时代干部之基系列丛书"。

　　围绕"干部之基"展开，是因为"基本"太重要了。要做好新时代的干部就必须熟知当干部的基本要求、必须切实达到基本要求。否则，很难走稳、走远。

　　这套丛书共有五本，即《做干部必须明事理》《做干部必须靠得住》《做干部必须有本事》《做干部必须作风硬》《做干部必须有担当》。本书是此系列的第一本，但愿读者能从中获得一些启发。由于水平有限，书中难免存在不当之处，敬请批评指正！

　　最后，衷心感谢国家行政学院出版社的支持和帮助！

晓山

2022年6月